SONNTAGS AUF DEM LANDE

Eugen Sauter

Sonntags auf dem Lande

Feste, Freizeit, Feiertage
Schwäbische Fotografien aus den 50er Jahren

Wartberg Verlag

1. Auflage 1997

Druck: Werbedruck Schreckhase, Spangenberg
Buchbinderische Verarbeitung: Hollmann, Darmstadt

34281 Gudensberg-Gleichen, Im Wiesental 1
Tel.: 05603/4451 u. 2030
ISBN 3-86134-400-9

Vorwort

Eugen Sauters vierter Bildband entführt den Leser wieder einmal in die Welt der fünfziger Jahre auf dem Lande. Fast unerschöpflich ist das einzigartige Fotoarchiv des ehemaligen Dorfschullehrers und ambitionierten Fotografen.

Für Eugen Sauter stand der Mensch im Mittelpunkt des Interesses. Die dokumentarischen Fotos überraschen durch die fast intime Nähe zum Motiv. Vielleicht faszinieren uns deshalb seine Bilder so besonders. Immer wieder glauben wir, Facetten unseres eigenen Lebens in ihnen wieder zu entdecken.

Die fünfziger Jahre: schon vierzig Jahre ist es her, und doch erscheinen sie uns beim Betrachten dieser Fotos fast wie gestern. „Sonntags auf dem Lande" ist eine Zusammenstellung von Fotografien, die dem eigenen Familienalbum entstammen könnte. Da finden wir den legendären Sonntagsausflug mit dem Fahrrad oder dem Moped, das Auto war noch ein seltener Luxus, den Ausflug ins Grüne zum Heidelbeerpflücken und den fröhlichen Frühschoppen der Männer im Dorfgasthof.

„Sonntags auf dem Lande" dokumentiert aber auch die zahlreichen Feste und Feiertage, die insbesondere für die Landbevölkerung immer willkommene Abwechslungen und Erholungen vom schweren Arbeitsalltag brachten. Eugen Sauters Fotografien zeigen uns den „fröhlichen" Aspekt des Landlebens. Sie nehmen uns mit auf eine Reise zu den „schönen Erinnerungen" an die eigene Geschichte.

Eugen Sauter war so großzügig, die Auswahl der Fotos für diesen Band und die Formulierung des Titels dem Verlag zu überlassen. Wir hoffen, für den Leser die richtige Auswahl getroffen zu haben.

Peter Wieden

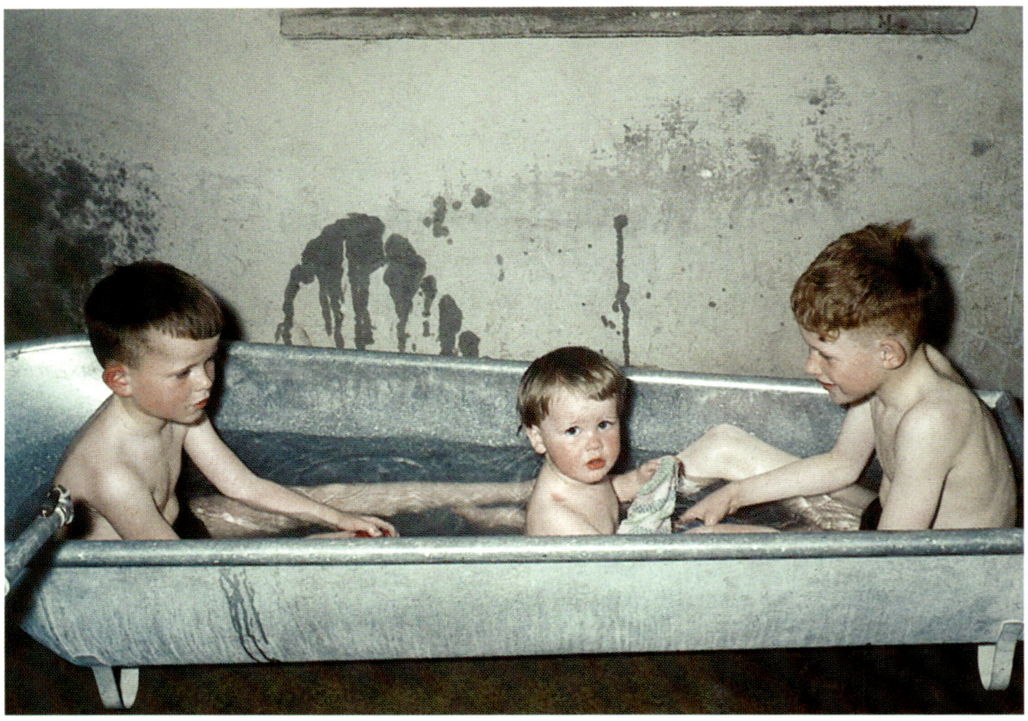

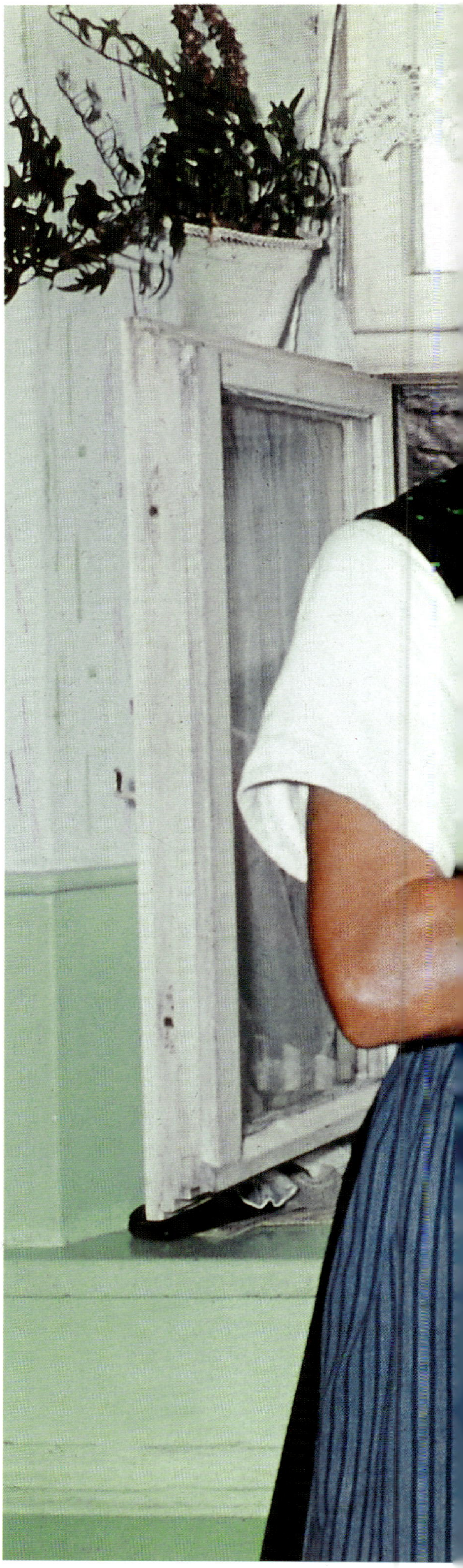

Foto oben: Der Samstagabend steht im Zeichen des Familienbades. Der Vater hat die Zinkblechwanne über seinen Rücken gestülpt in die Waschküche geholt. Die Mutter hat das Badewasser in großen Kesseln auf dem Herd und im Waschkessel warm gemacht. Die Kinder haben sich auf dieses wöchentlich einmalige Vergnügen gefreut. Darum gibt es manchmal sogar Tränen, wenn sie wieder aus dem Wasser müssen.

Foto rechts: Durch die offenen Fenster ist vom Kirchturm das „Erste Läuten“ mit nur einer Glocke zu hören, eine Stunde vor Beginn des Gottesdienstes. Die Mutter schneidet vom selbstgebackenen Brot für das Morgenessen. Der Zettel mit dem Namen auf dem Laib erinnert noch an die Arbeit des Einlaibens in der Backstube. Als Brotaufstrich gibt es Gesälz, das ist Marmelade aus Beeren, die im Garten neben dem Haus wachsen.

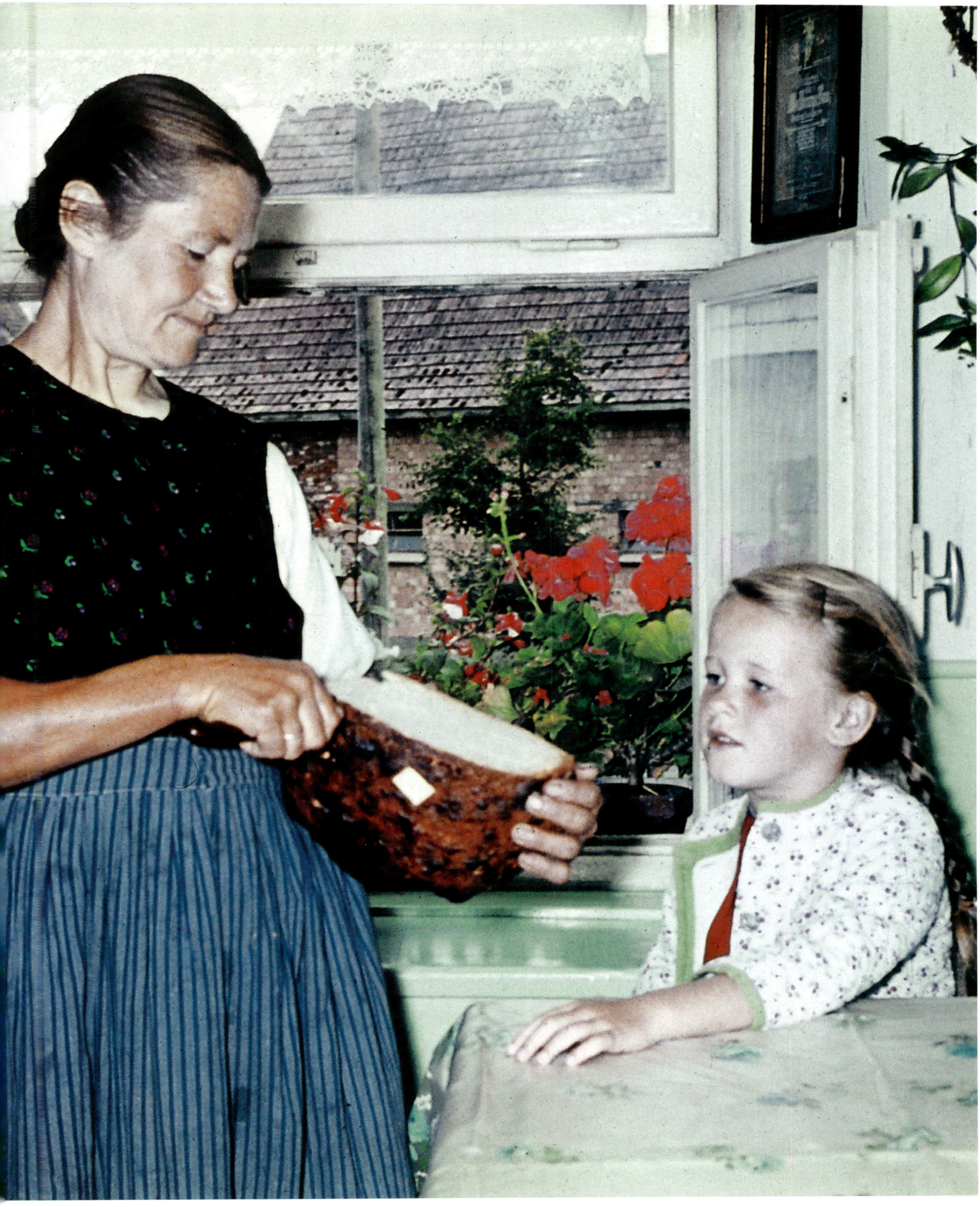

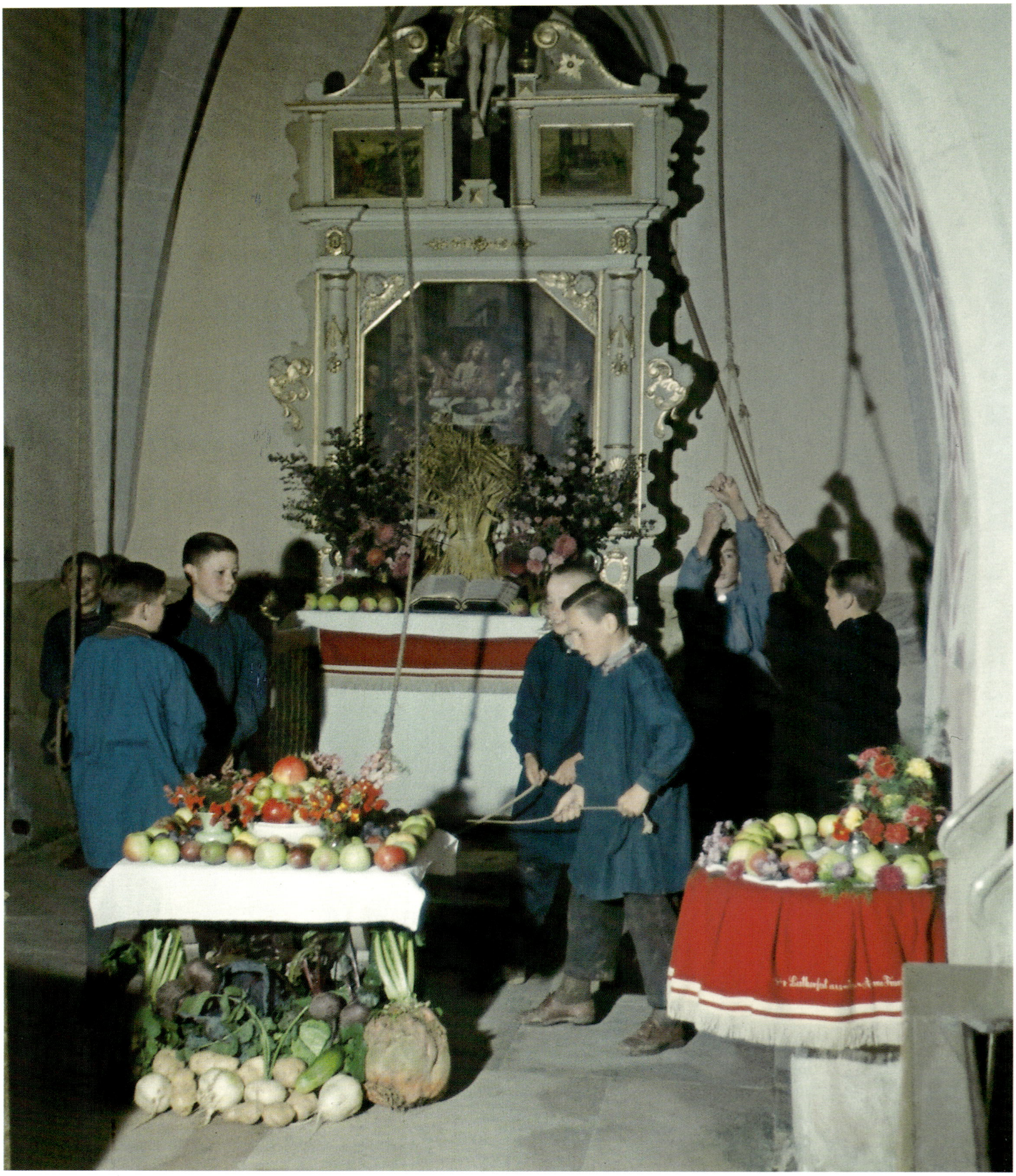

Foto oben: Sieben Buben aus den älteren Jahrgängen der Oberklasse bilden eine Läuterotte und läuten auf dem Bild am Abend vor dem Erntedankfest diesen ersten Sonntag im Oktober ein. Die vier an der großen Glocke in der Mitte haben gerade den unteren Totpunkt ihrer Zugbewegungen erreicht.

Foto rechts: Daß die Bäuerin zur Kirche gehen will, verrät außer dem Gesangbuch in ihren Händen die Bänder- oder Rollenhaube. Fehlt dieser Tracht auch jegliche Farbe, so wirkt sie doch sehr vornehm allein schon durch den Glanz der Bänder auf Vorder- und Rückseite und der seidenen Schürze.

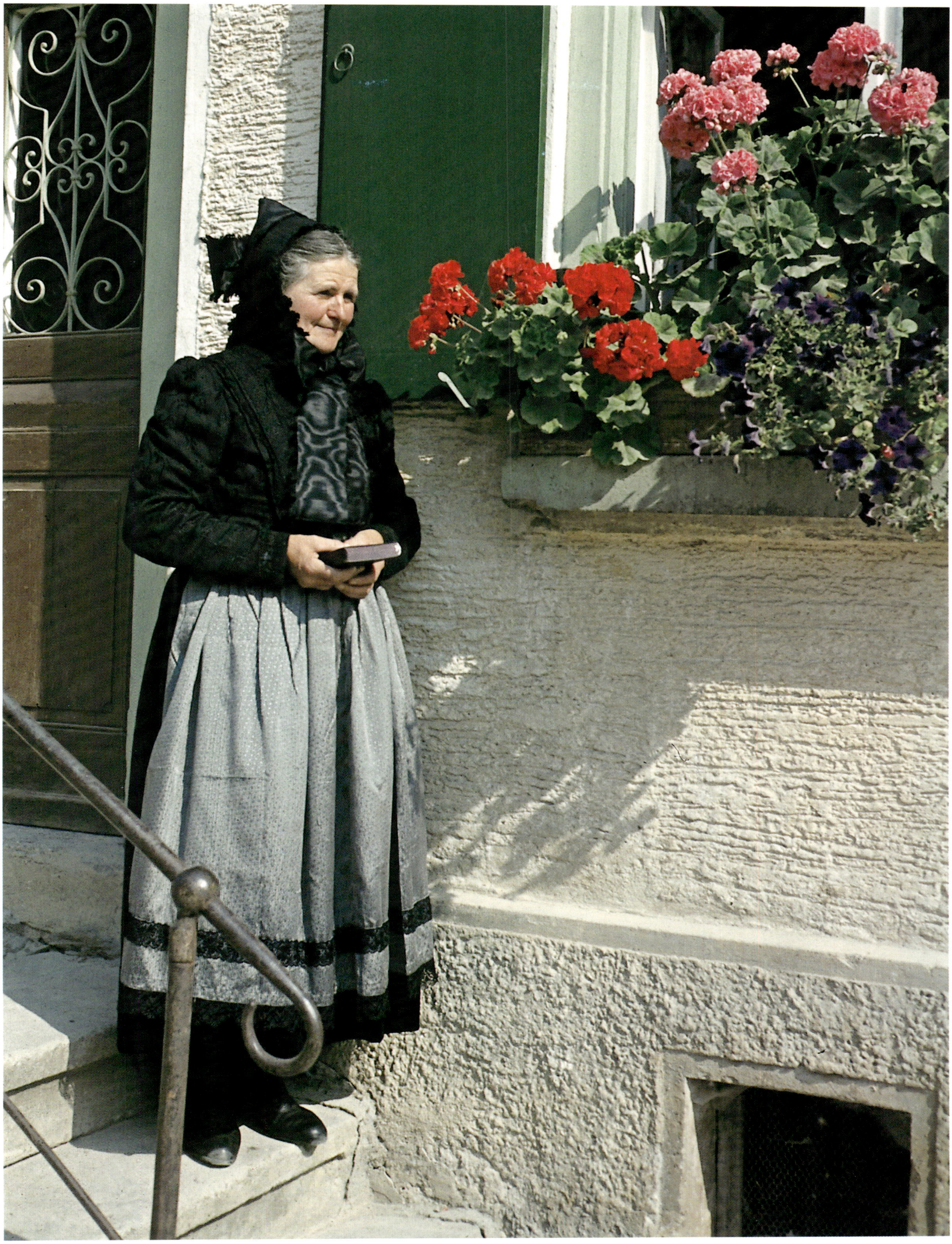

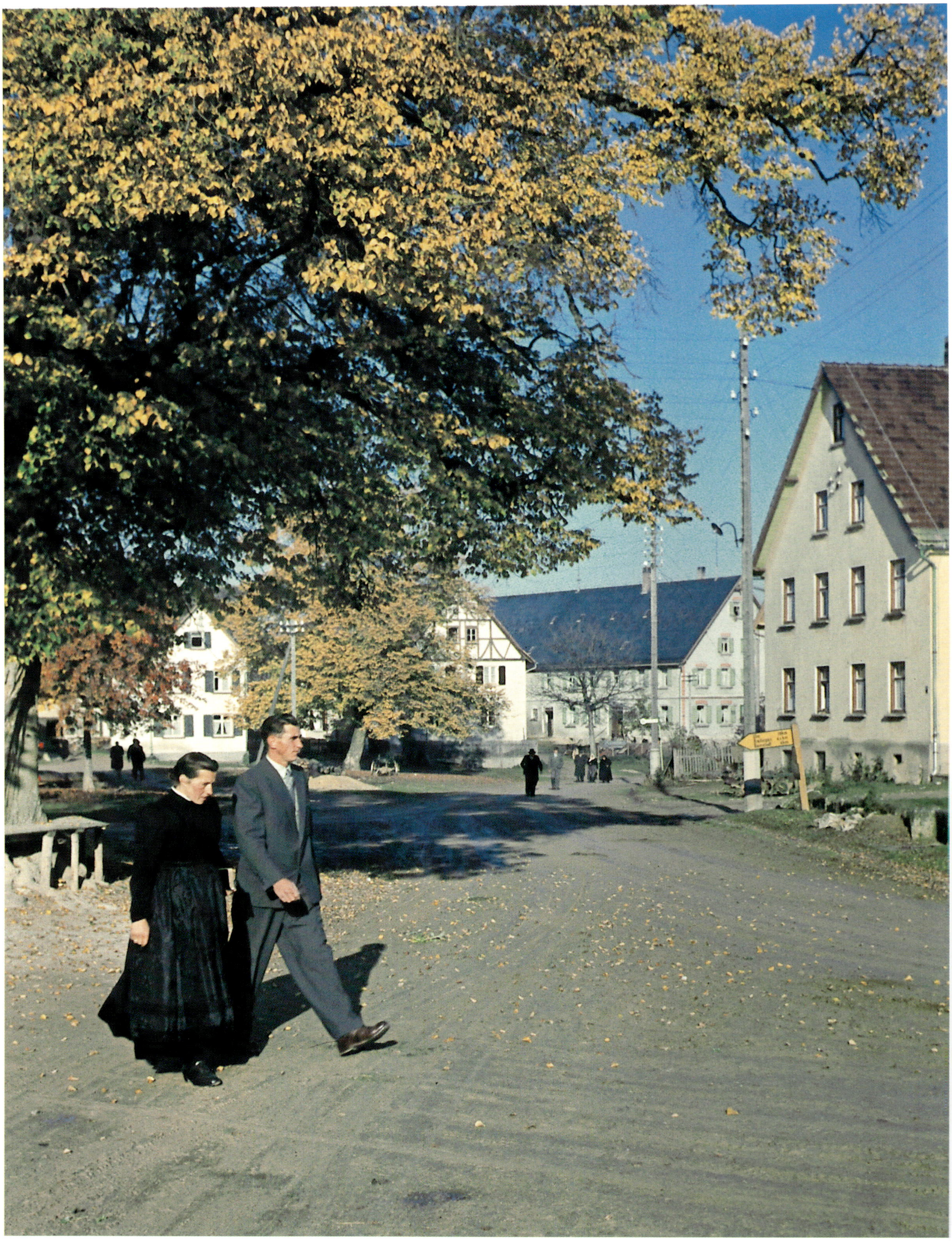

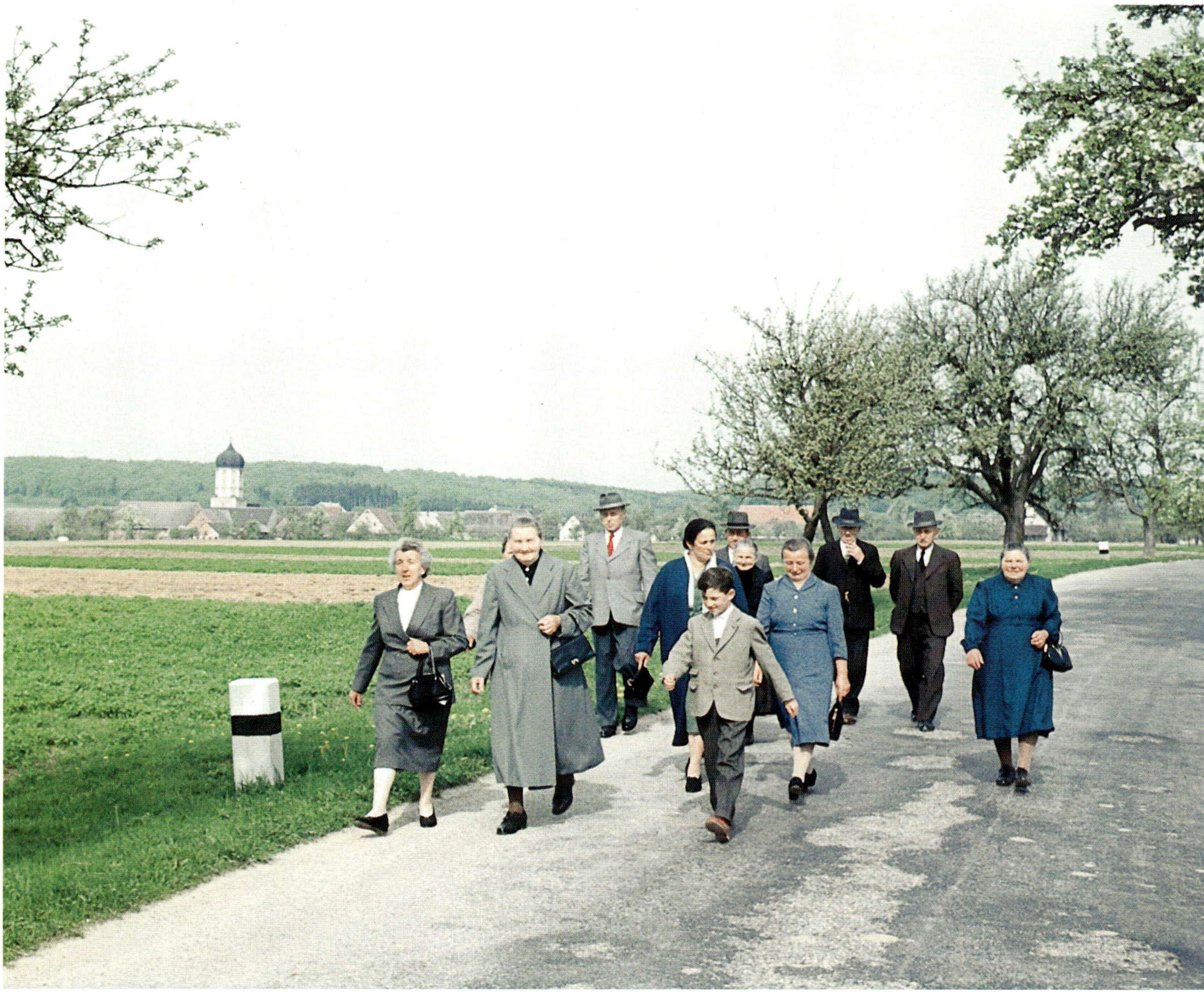

Foto links: Das Zusammenläuten aller drei Glocken ruft die Dorfbewohner am Sonntagmorgen zum Gottesdienst. Wenn es die Arbeitslage zuläßt, gehen Mann und Frau zur Kirche, wo sie aber getrennte Plätze einnehmen. Daneben gilt die Regel, daß sich aus jedem Haus wenigstens eine Person in die Kirche begibt.

Foto oben: Wenn man zum Gottesdienst über Feld muß, obwohl im eigenen Dorf eine Kirche steht, dann ist das Zeichen einer Diaspora. Heimatvertriebene katholischen Glaubens sind in einem evangelischen Dorf seßhaft geworden. Zur Eucharistiefeier aber versammeln sie sich mit Gleichgläubigen aus den Nachbardörfern am Sonntag in der evangelischen Kirche des Dorfes im Hintergrund, wo ihr eigener Geistlicher die Messe zelebriert. Frohen Mutes sind die Leute danach auf dem Heimweg.

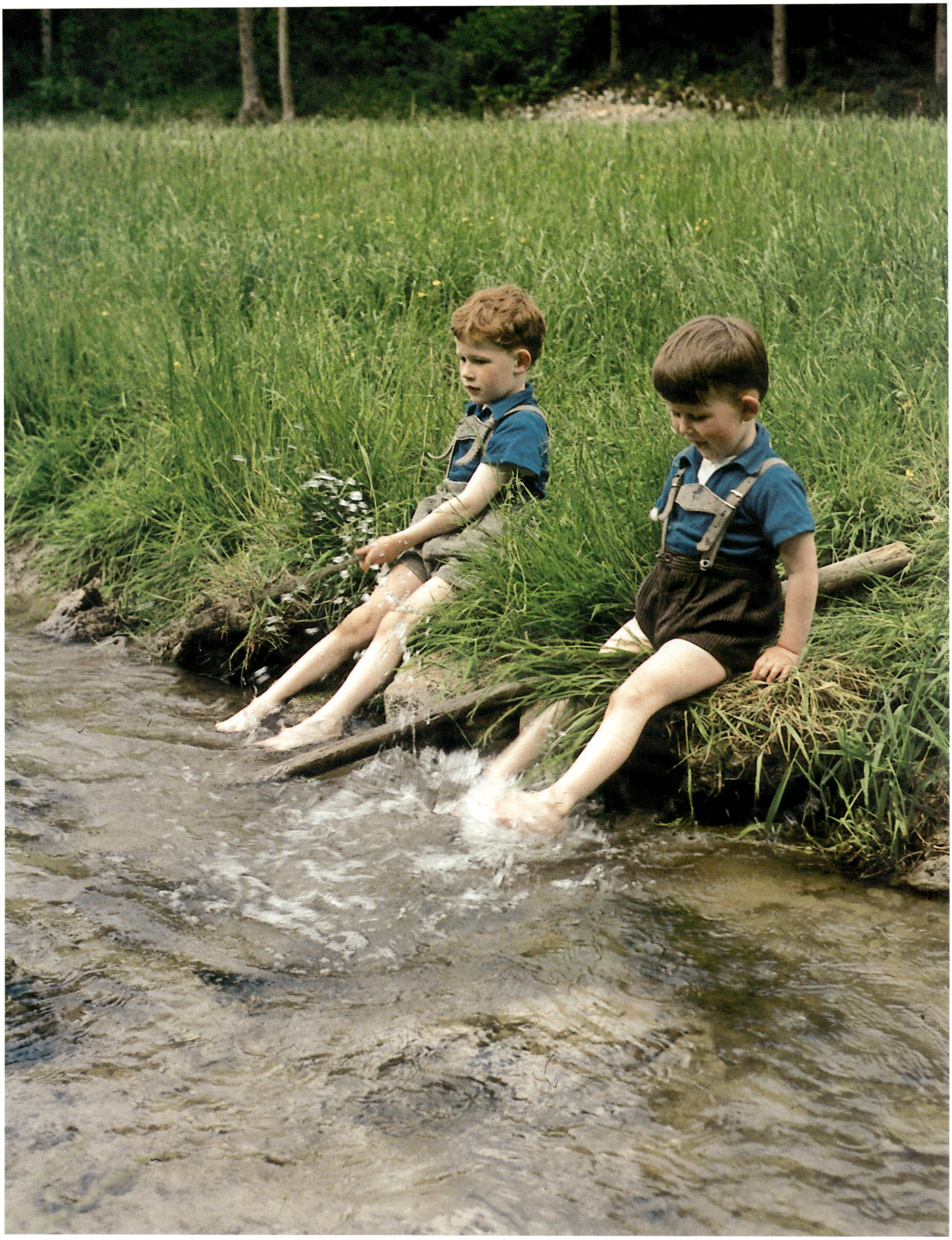

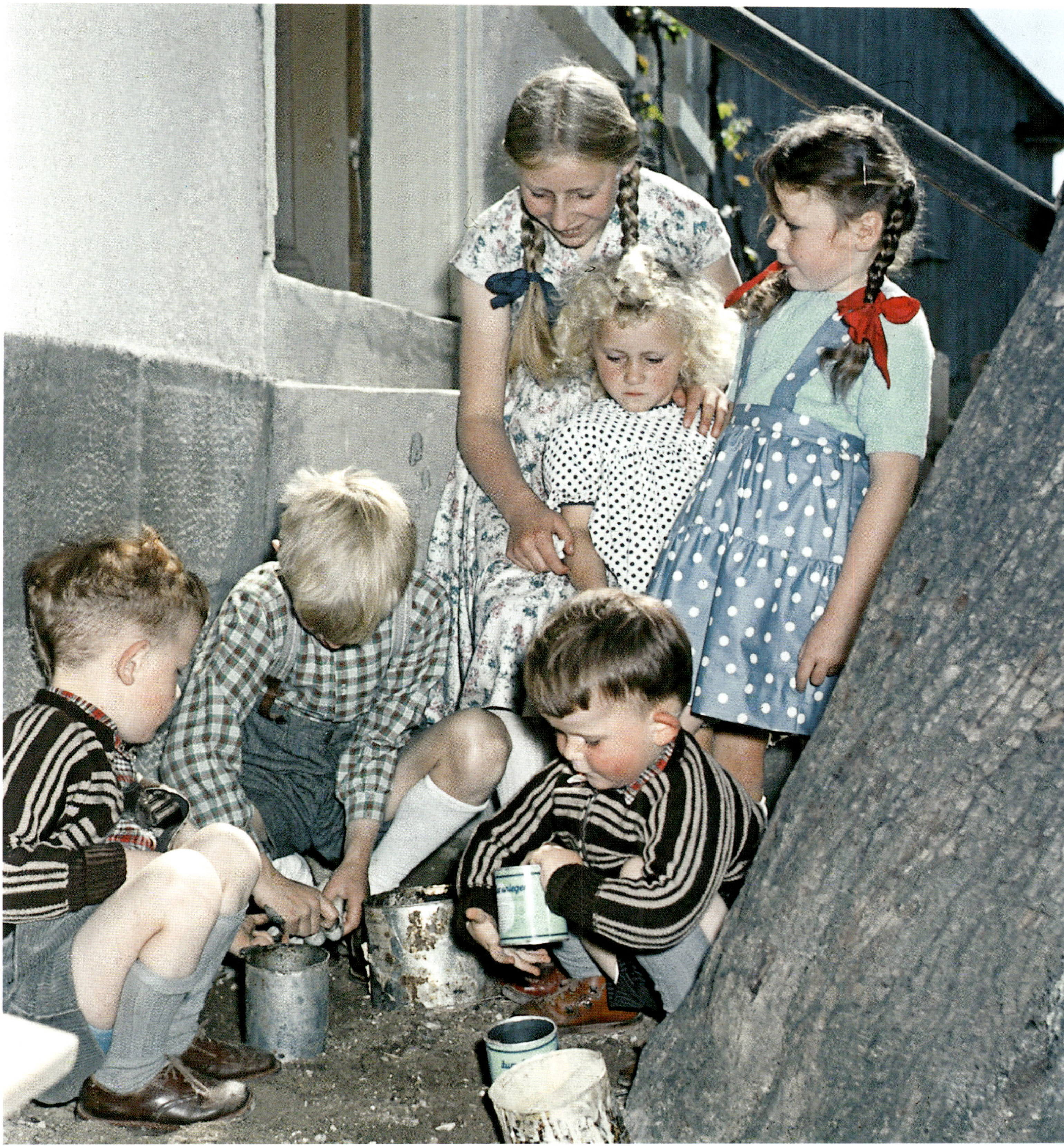

Foto links: Auf der Alb ist fließendes Wasser, also ein Bach, eine Rarität. Zu diesen Seltenheiten gehört die Lone, die zudem ihren Lauf vielfach nicht durchhält, sondern wegen der Zerklüftung des Oberen Weiß-Juras versickert. Für Kinder aus den Trockenheit gewohnten Dörfern ist es ein großer Spaß, einmal die Füße in einen Bach zu hängen, auch wenn es dazu eines stundenlangen Marsches bedarf.

Foto oben: Welch ein Gedränge unter dem Blutbirnenbaum! Im alten Dorf, das noch keinen Kindergarten hatte, kannte man auch keine hergerichteten Spielplätze für Kinder. Aber ihre bevorzugten Stellen fanden die Kinder mit eigenem Spürsinn. Wo der Maurer ein paar Schaufeln voll Sand bei der letzten Reparatur liegen ließ, gibt es jetzt für die Buben etwas zum Ein- und Umfüllen mit einigen alten Dosen, und die Mädchen wollen sehen, was da geschieht.

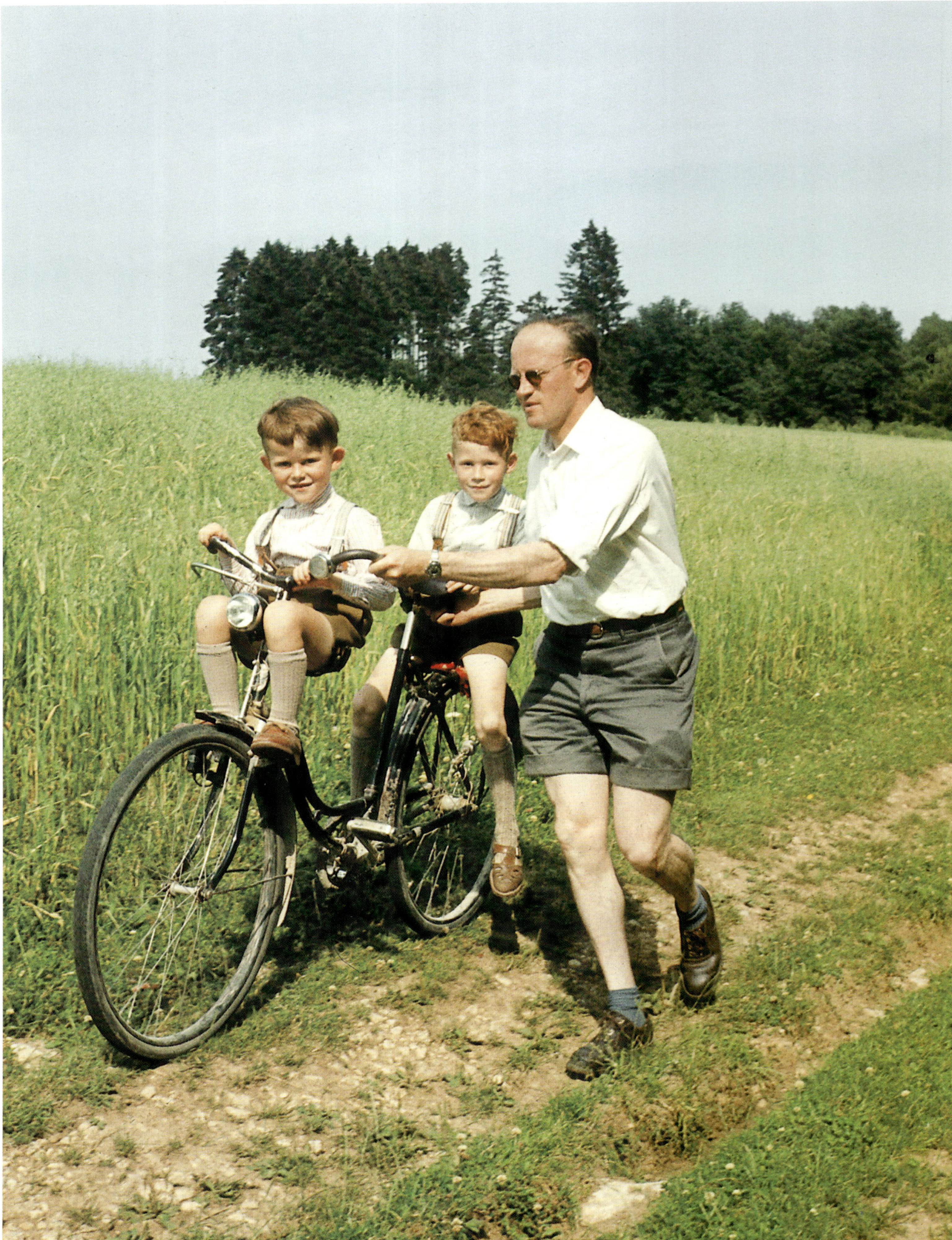

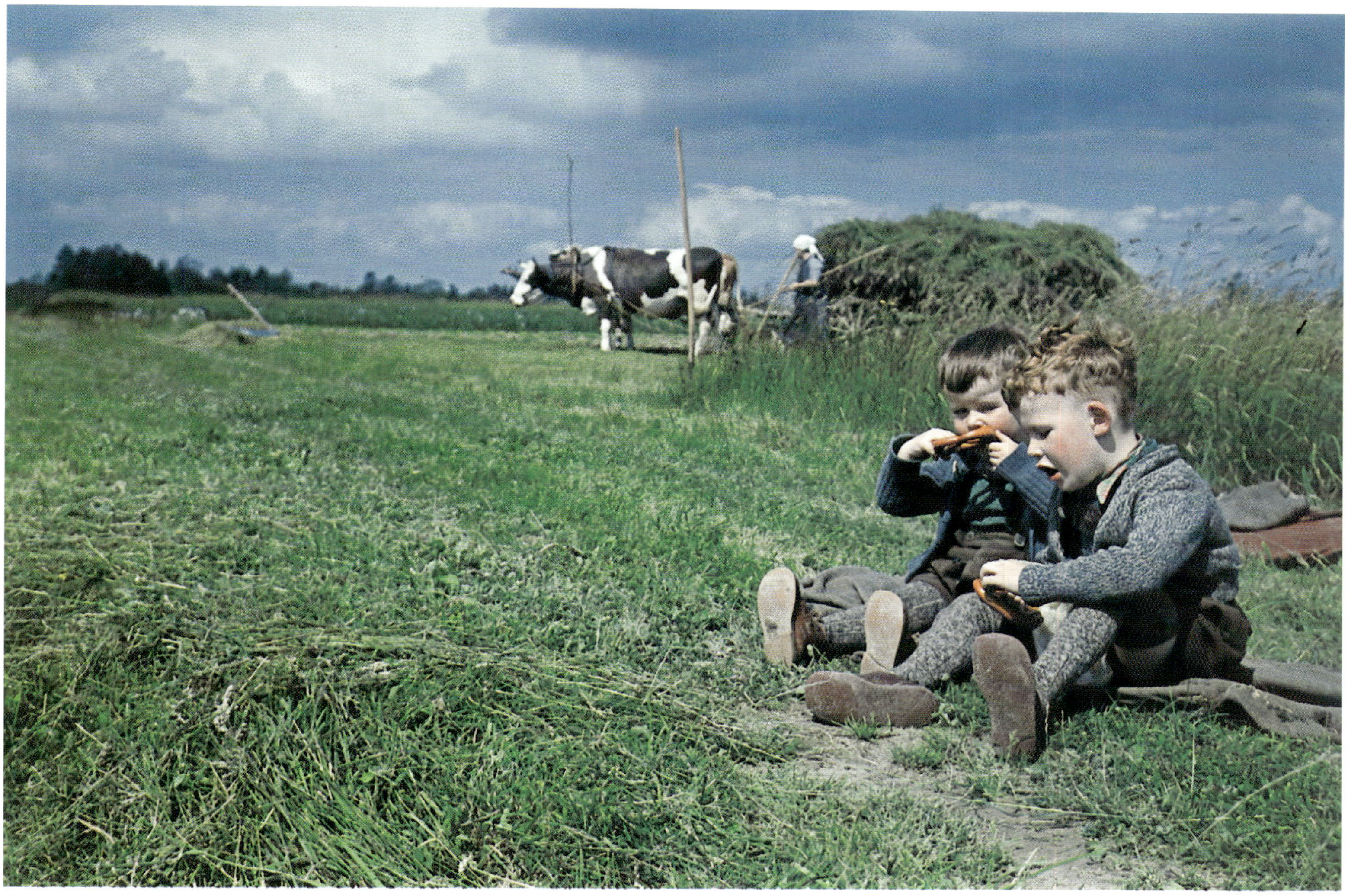

Foto links: Größere Unternehmungen konnte man vom Dorf aus, das keinen Bahnanschluß hatte, am Sonntag nicht machen. Im Dorf gab es sechs Autos und keinen Fernseher. Die Ziele für Spaziergänge lagen in der unmittelbaren Umgebung. Für Kinder war es ein Vergnügen, wenn sie auf dem Heimweg vom Wald auf dem Rad geschoben wurden. Nur zu diesem Zweck hatte man das Fahrrad der Mutter mitgenommen.

Foto oben: Die Großeltern haben zwei ihrer Enkel auf dem leeren Fuhrwerk mit hinausgenommen, um von einem Kleeacker Grünfutter zu holen. Während Opa und Oma bei der Arbeit sind, machen sich die Buben über die als Vesper mitgenommenen Brezeln her und verzehren sie als zweites Frühstück.

Foto Seite 16/17: Nicht weit vom Dorf liegt auf Keuperboden ein Gehölz, wo auch Heidelbeeren wachsen. Dort ist am Sonntagnachmittag die ganze Familie zum Suchen der Blaubeeren ausgeschwärmt. Auch die Kinder sind fleißig bei der Suche ohne die Frage, wer am meisten finden werde.

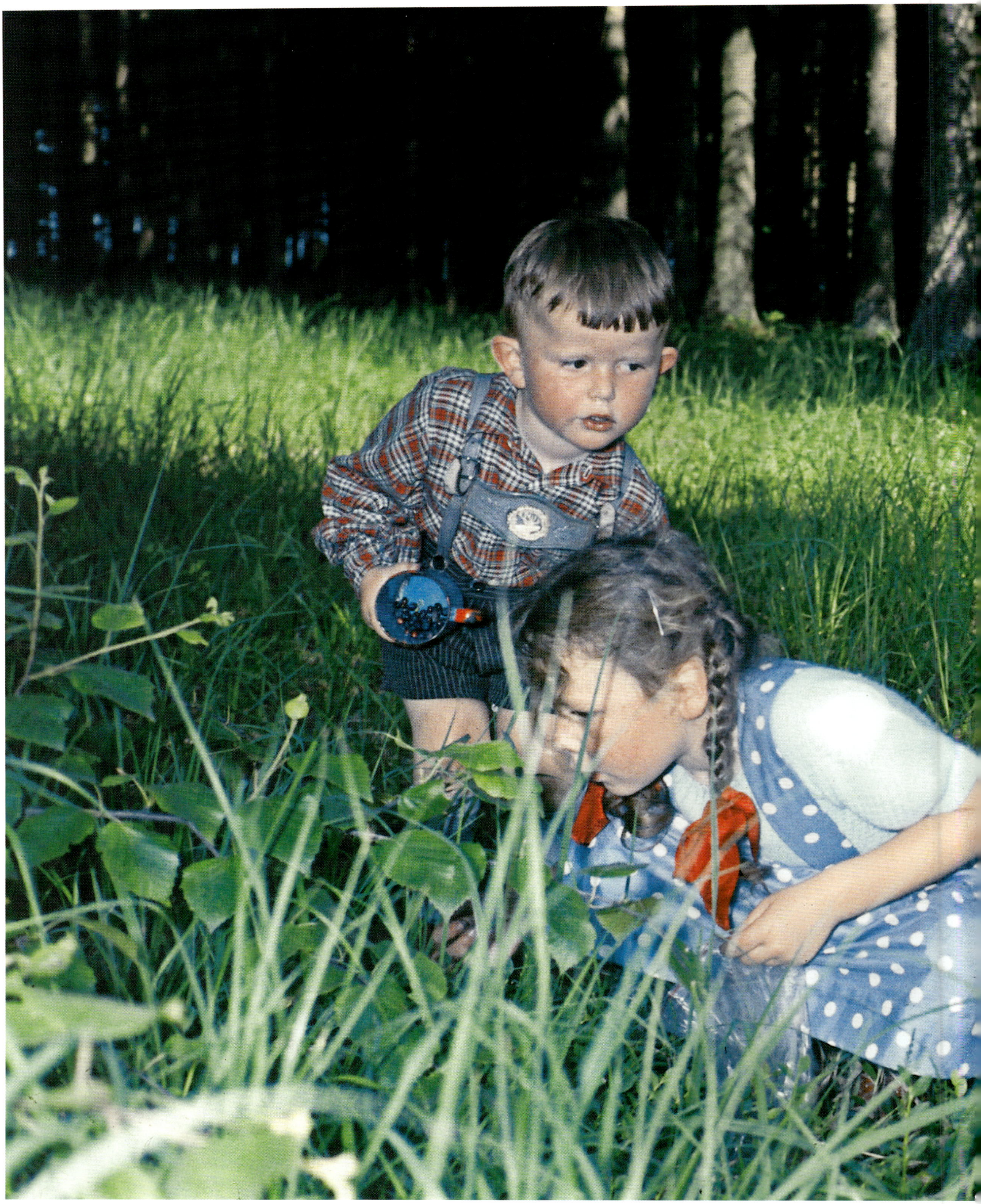

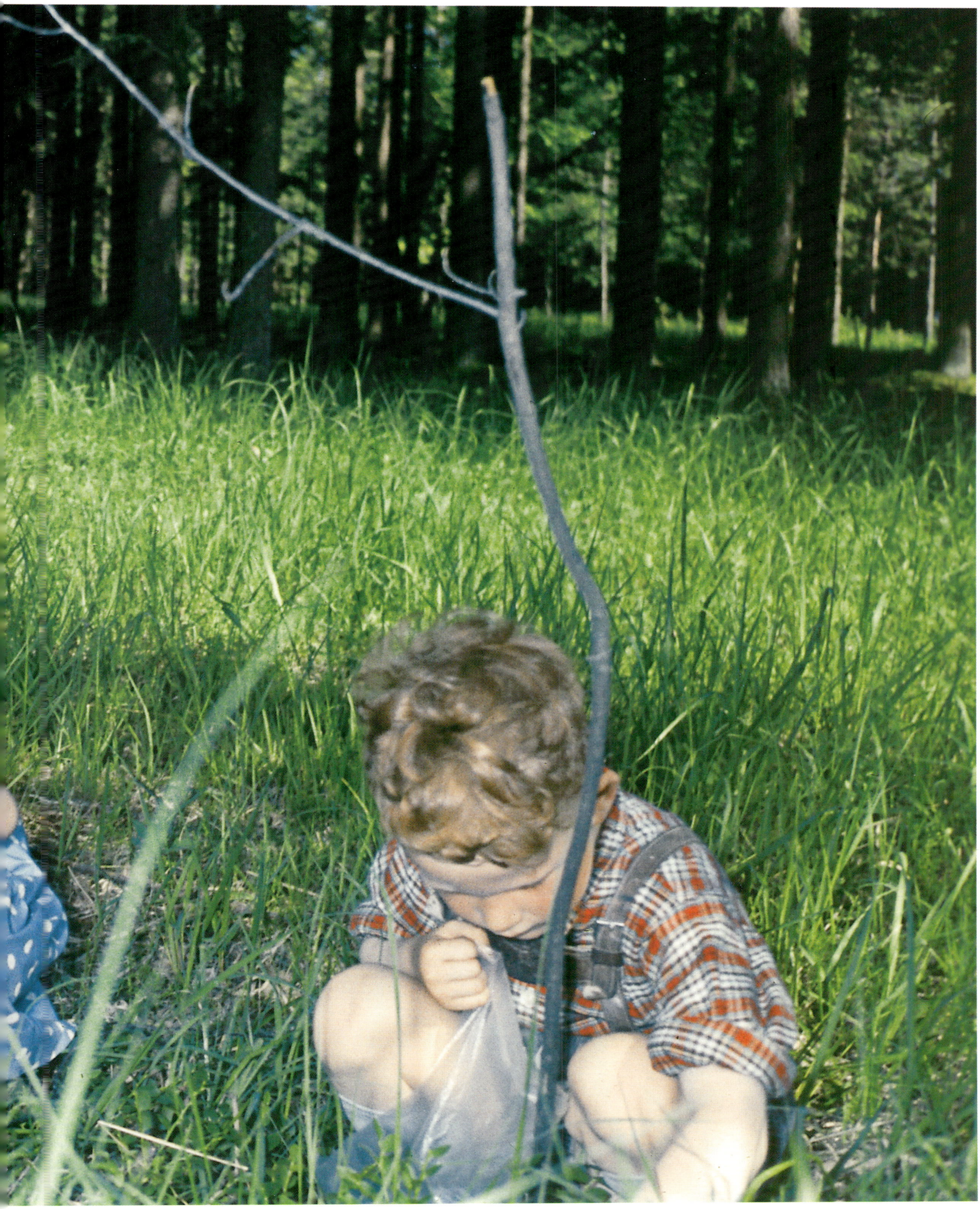

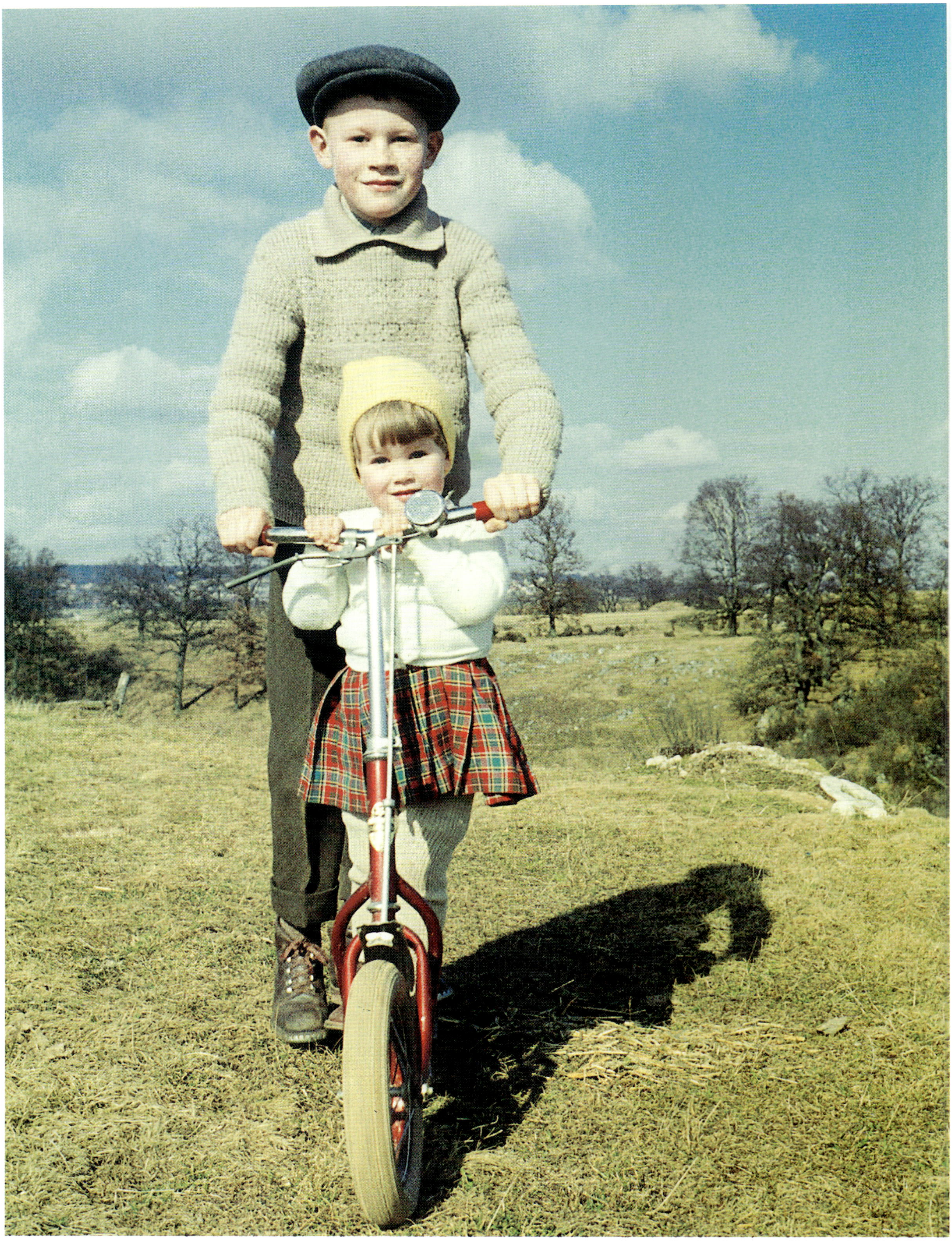

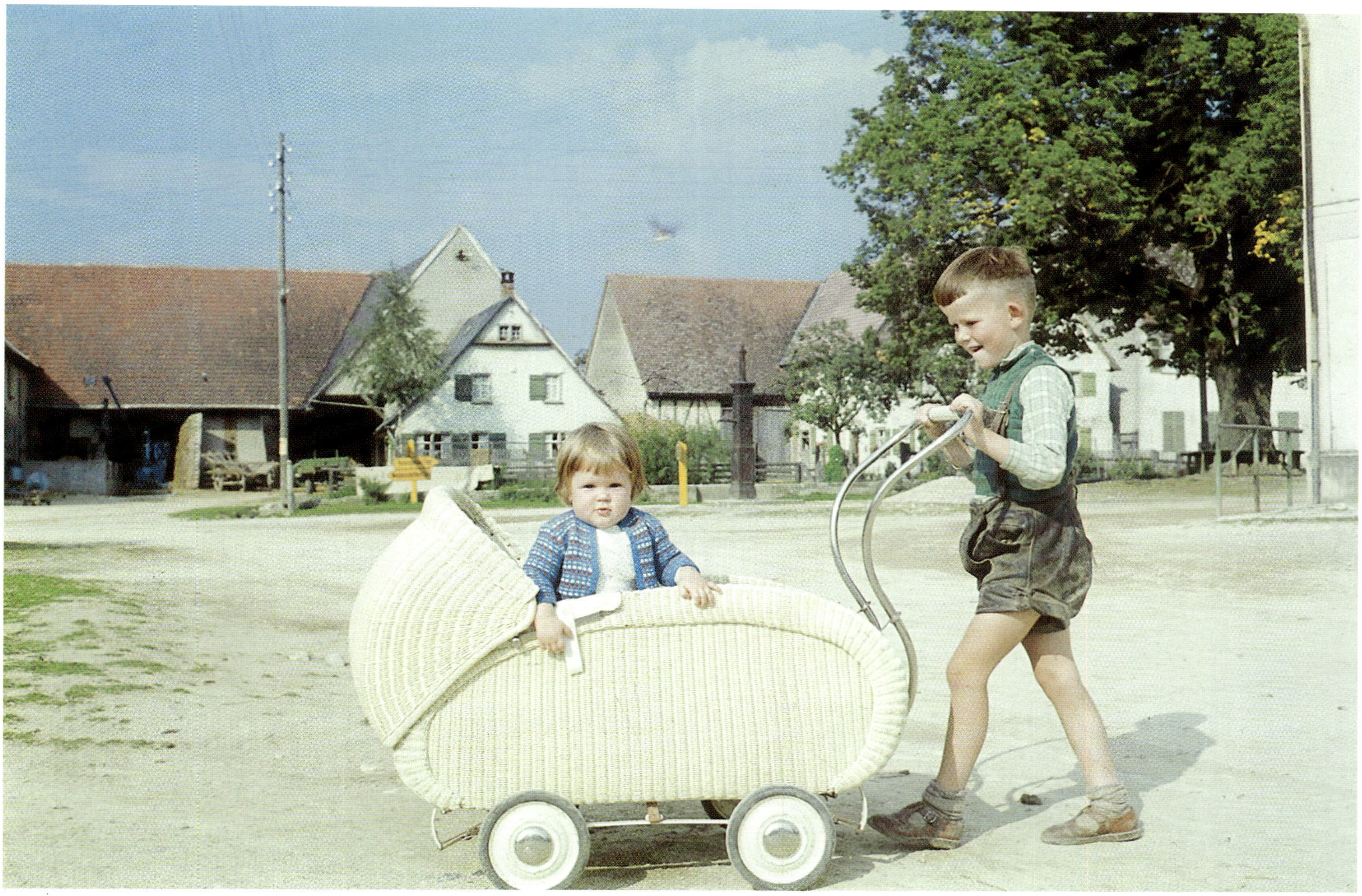

Foto links: Kinder wollen immer Bewegung haben. Mechanische Hilfen dazu lieferte zuerst der einfache Roller aus Holz, dann ein Dreirädle. Später brachte das „Christkindle" von den Großeltern einen großen Roller. Die Luftbereifung ist Zeuge des technischen Fortschritts auch bei Spielsachen. Das Schwesterchen freut sich über den Platz hinter der Lenkstange.

Foto oben: Die Mutter ist noch in der Küche beschäftigt, das jüngste der Kinder daher in die Obhut der Geschwister gegeben. Dem Bruder sieht man seinen Stolz an, daß man ihm das Schwesterchen im Kinderwagen anvertraut hat.

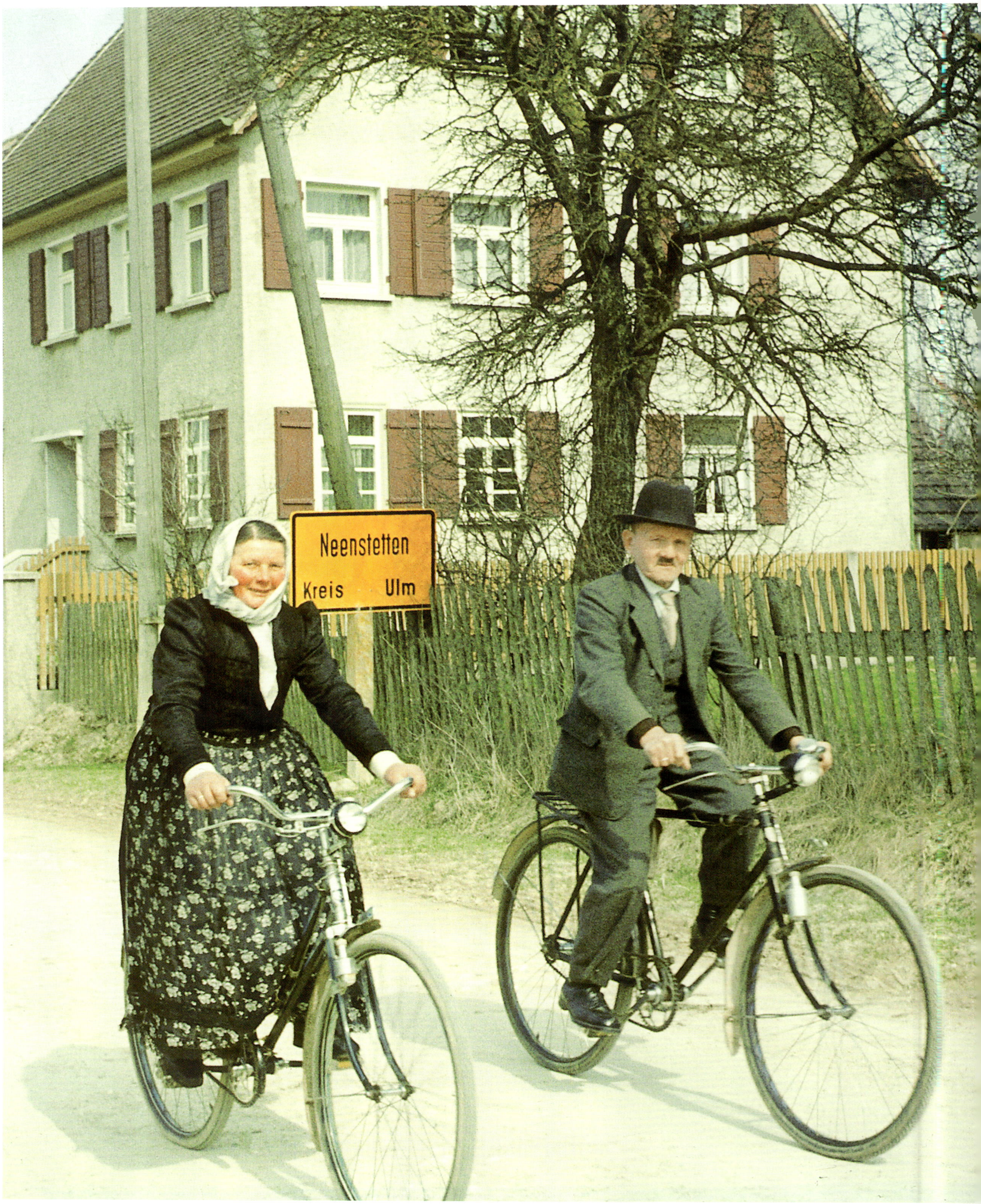
Neenstetten
Kreis Ulm

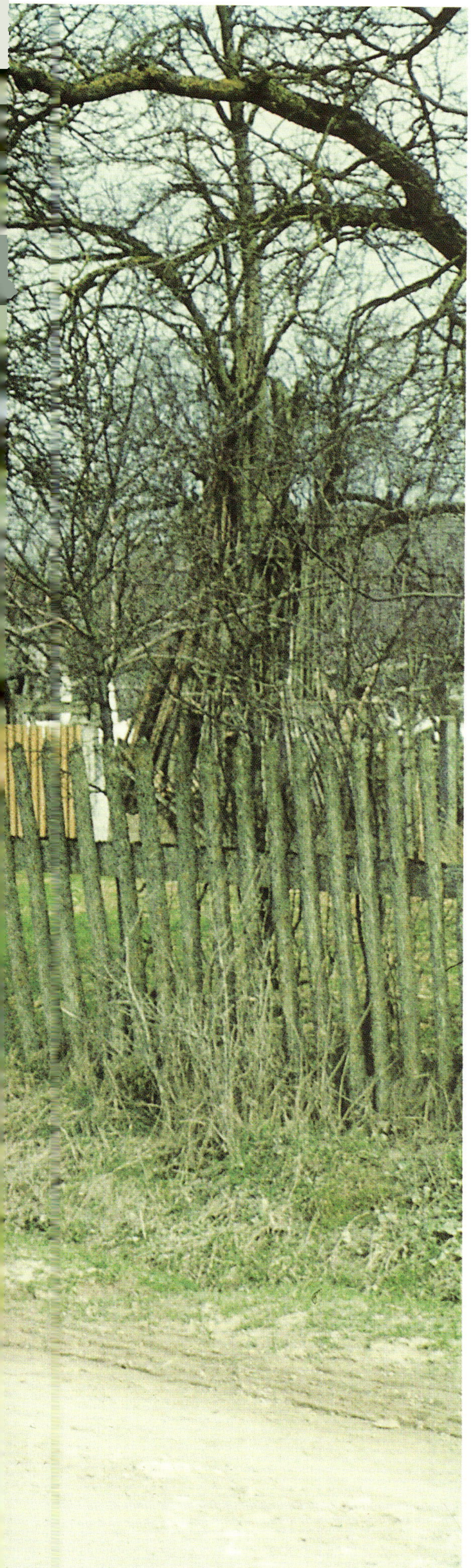

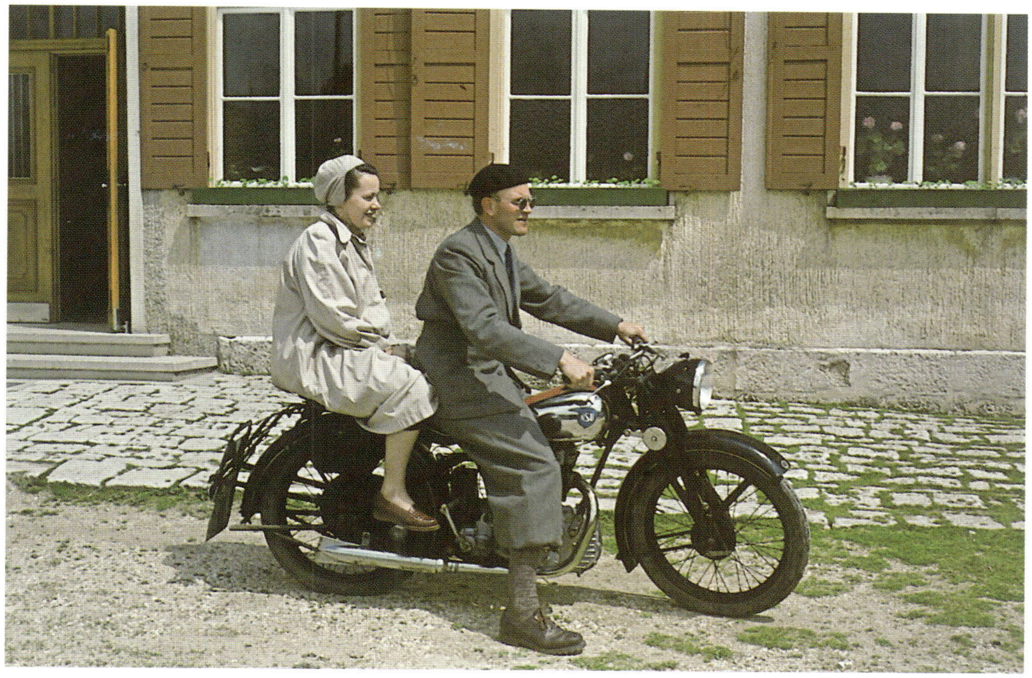

Foto links: Ein Fahrrad zu besitzen, war nach dem Krieg ein besonderer Schatz. Das Rad erleichterte den Weg über Feld am Sonntagnachmittag, wenn man Verwandte oder Freunde im Nachbardorf besuchen wollte. Für Fußgänger führten schmale „Steige" strahlenförmig, einer Windrose gleich, vom Dorf aus in alle Richtungen. Diese Steige liefen quer durch die Äcker gerade auf ihre Zielorte zu und waren viel begangen, als es noch keine Fahrräder gab.

Foto oben: Wieder gelangt der technische Fortschritt ins Spiel, wenn neben dem „Drahtesel" das Motorrad hier ins Bild kommt. Die Eigentümer sitzen noch in gewöhnlicher Straßenkleidung im Sattel ohne Schutzhelme. Man läßt es also gemütlich an, ist es doch eine Fahrt nur zu einem nahen Zielort. Im Winter mußte auf ein Gefährt dieser Art verzichtet werden wegen Eis und Schnee. Da griff man dankbar wieder auf das Fahrrad zurück.

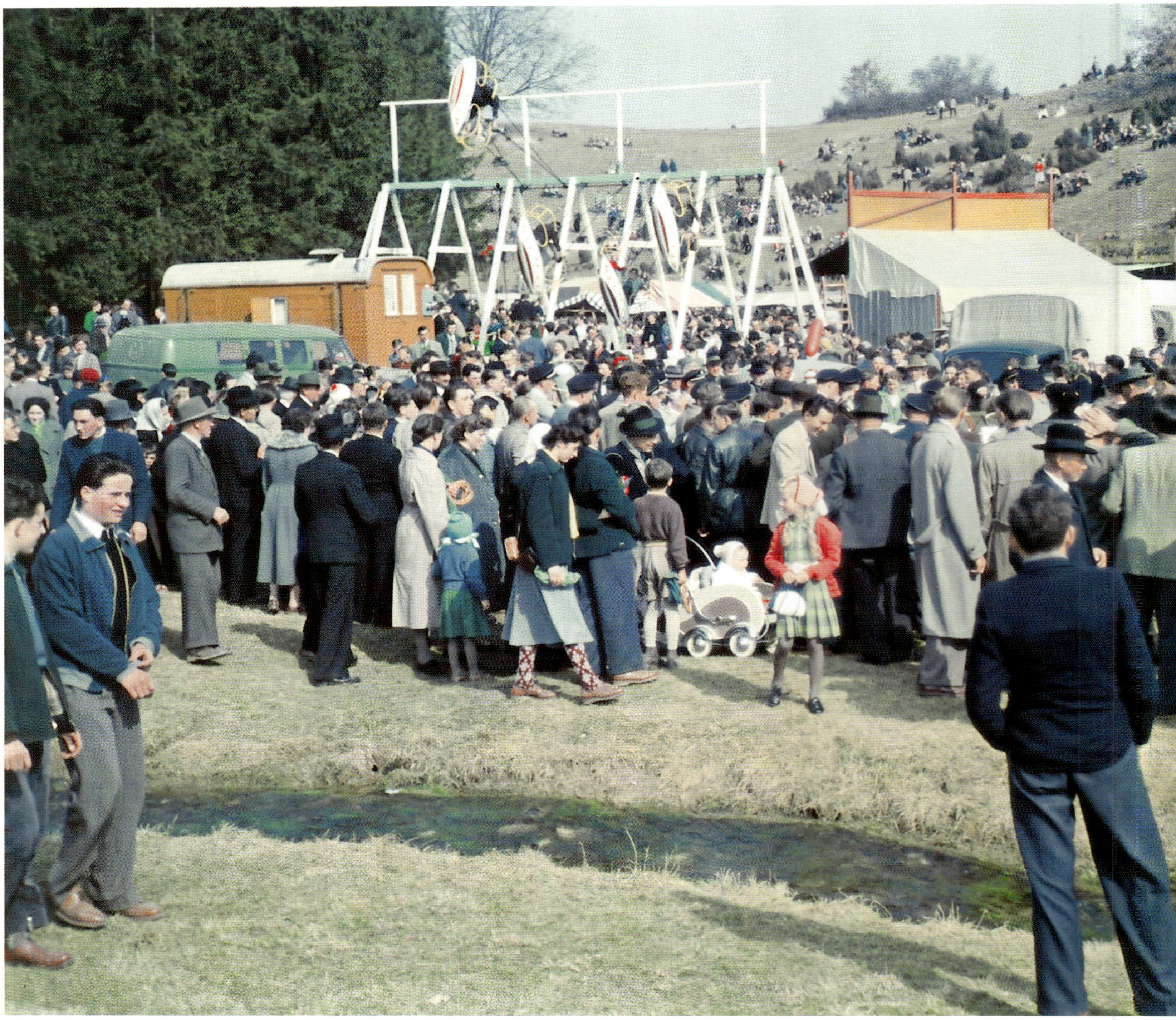

Das Hungerbrunnental bildete einst die Grenze zwischen dem Territorium der Freien Reichsstadt Ulm und dem altwürttembergischen Heidenheimer Gebiet. Das Tal erhielt seinen Namen durch eine Quelle, die nur zum Schütten kommt, wenn reichliche Niederschläge den Karstwasserspiegel in den Klüften des Oberen Weiß-Juras gewissermaßen zum Überlaufen bringen. In Jahren mit normaler Niederschlagstätigkeit liegen der Quelltopf und das wegziehende Bachbett völlig trocken. Am Hungerbrunnen stoßen die Grenzen der Markungen Altheim, Heldenfingen und Heuchlingen zusammen. Seit alters trafen sich dort die jungen Leute aus diesen drei Dörfern in der Osterzeit zum Tanz mit Musik. Hoheitliche Verbote untersagten diese Tänze teils auf längere Zeit. Nach dem Wiederaufleben gesellte sich zum Tanzvergnügen am Palmsonntag der Verkauf von Brezeln. Aus diesem

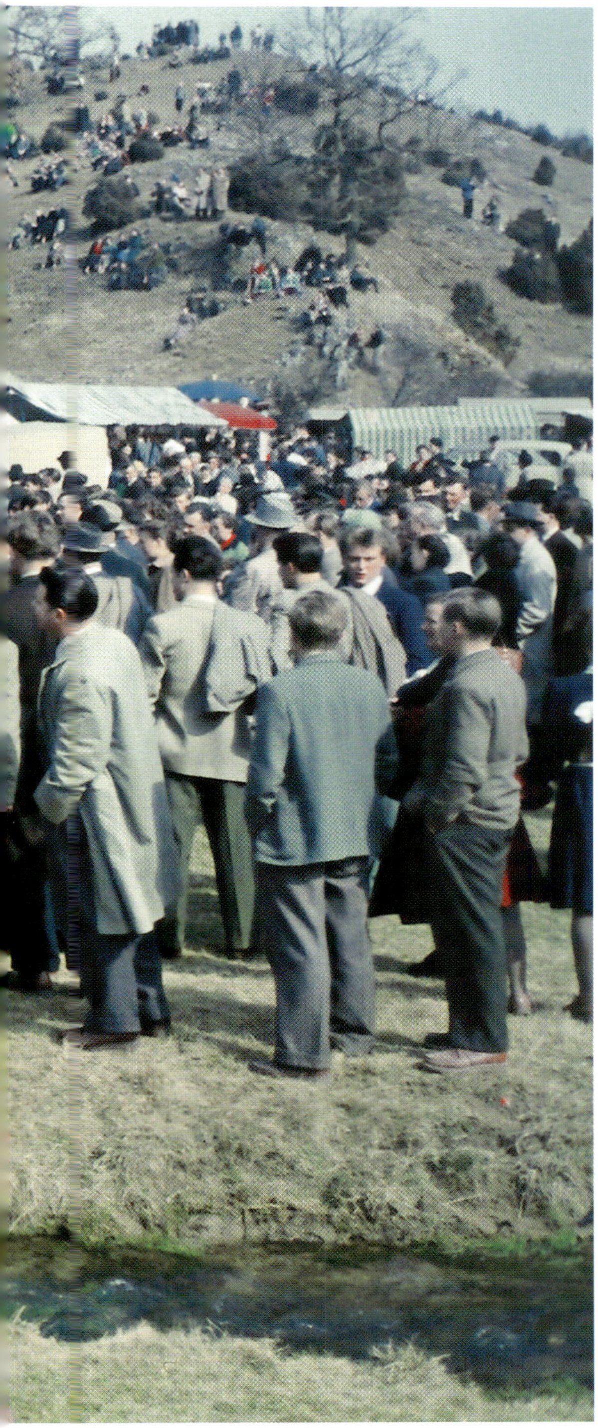

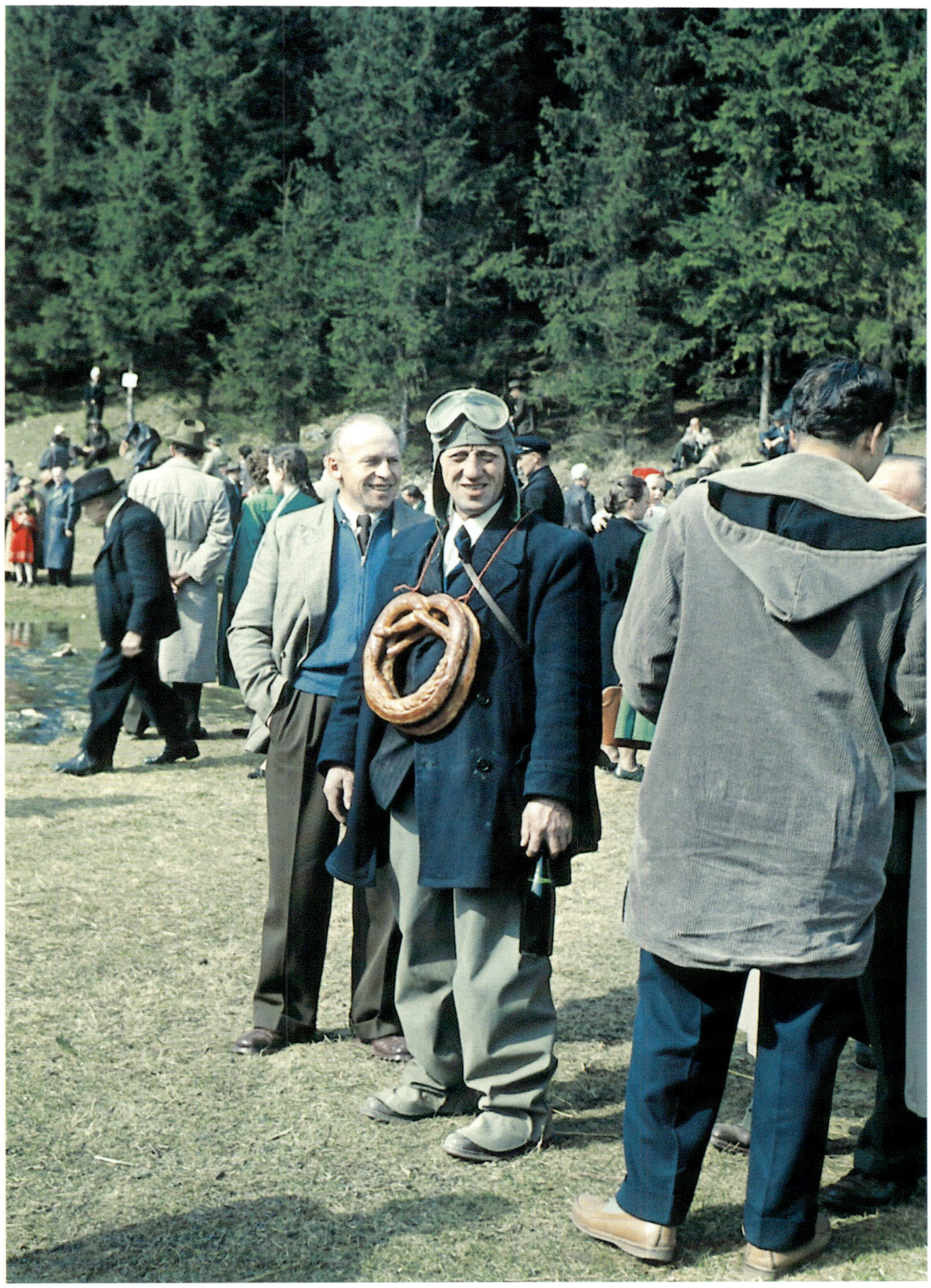

Brezgenmarkt, vielfach nach den Gemeinden Altheim oder Heldenfingen benannt, entwickelte sich ein Krämermarkt in freier Natur mit breitem Angebot und Vergnügungen verschiedener Art. Der Zulauf führt dann Tausende in das sonst stille Tal zwischen Wäldern und Heiden.

Auf dem großen Bild fließt im Vordergrund der Bach vorbei, der im Hungerbrunnen unmittelbar außerhalb des linken Bildrands entspringt (1956). Auf dem kleinen Bild rechts ist am linken Bildrand der Quelltopf noch angeschnitten. Für den Motorradfahrer, erkenntlich an seiner Aufmachung, sind die umgehängten Palmbrezeln das wichtigste Mitbringsel für zu Hause. Auf dem Markt gibt es alle Größen, von der kleinen Hand- bis zur Riesenbrezel, die Kinder über die Schulter hängen können.

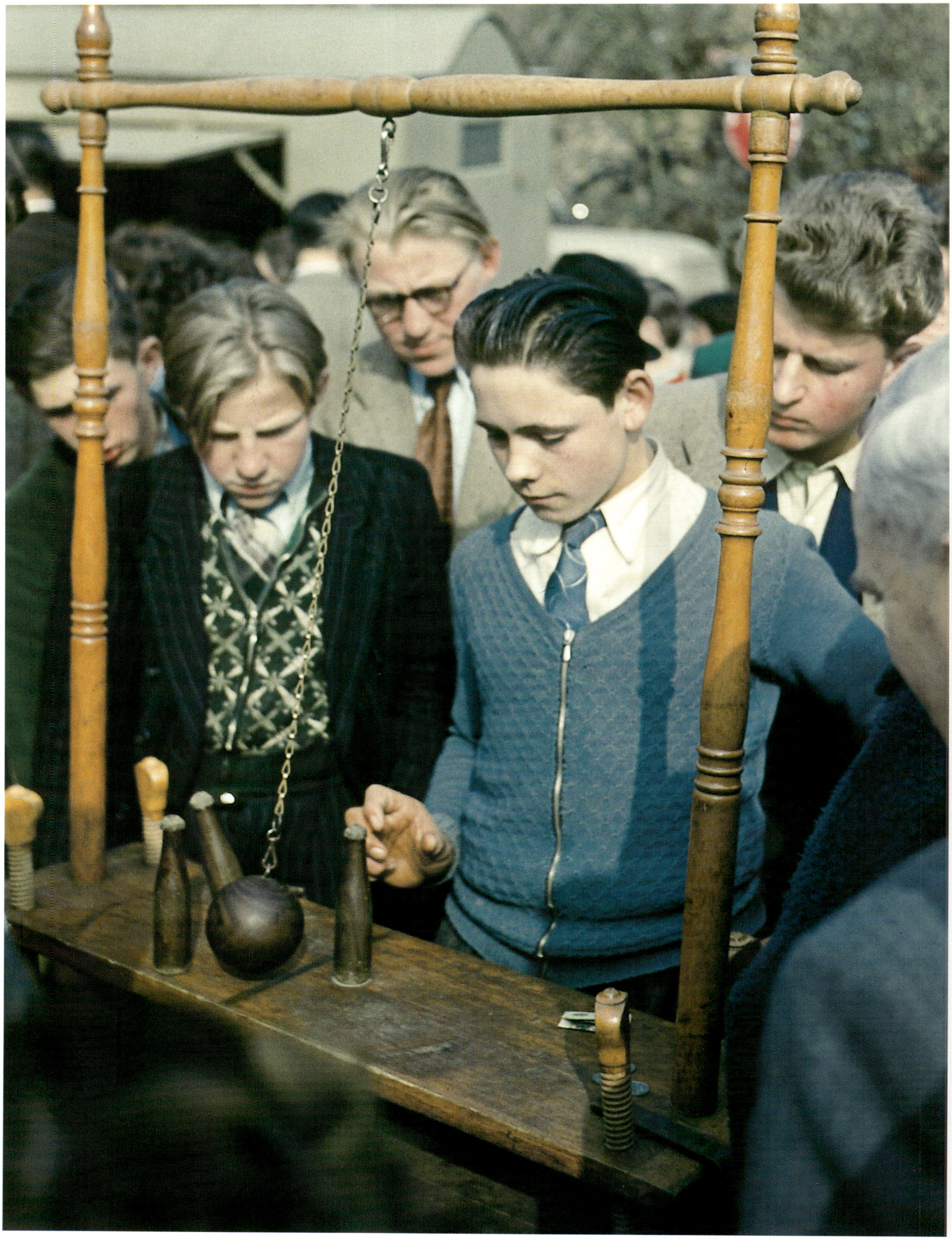

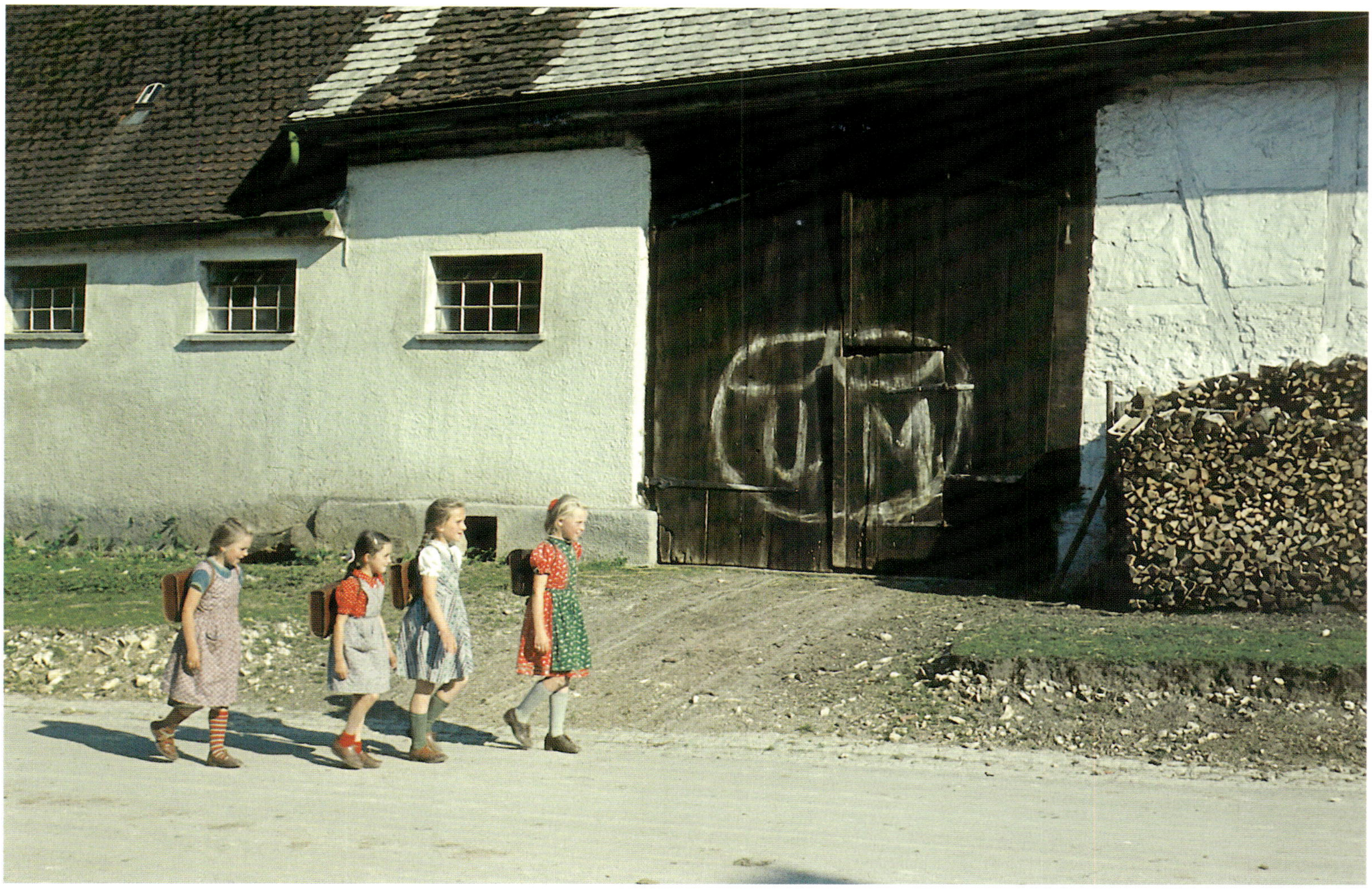

Foto links: Noch sind die Finger der Hand des Spielers gekrümmt, aus der er die schwingende Kugel entließ, damit sie durch ihre Bahn alle Kegel zu Fall bringe, und noch ist der Spieler wie die Umstehenden gespannt, ob er Glück hat. Sein Einsatz beträgt eine Deutsche Mark (1956), sein möglicher Gewinn das Doppelte oder mehr.
Foto oben: Die Brezel gilt als altes Zeichen der Liebe. Durch Aufmalen einer Brezel mit Kalkmilch am Anwesen der Eltern des Mädchens bekundete der Bursche seinem Schwarm die Zuneigung. Die Initialen dabei deuten den Namen der Verehrten an. Dieser in der Nacht zum Palmsonntag ausgeübte Brauch fand stellenweise eine Fortsetzung auf dörflichen Straßen mit Asphaltbelag.

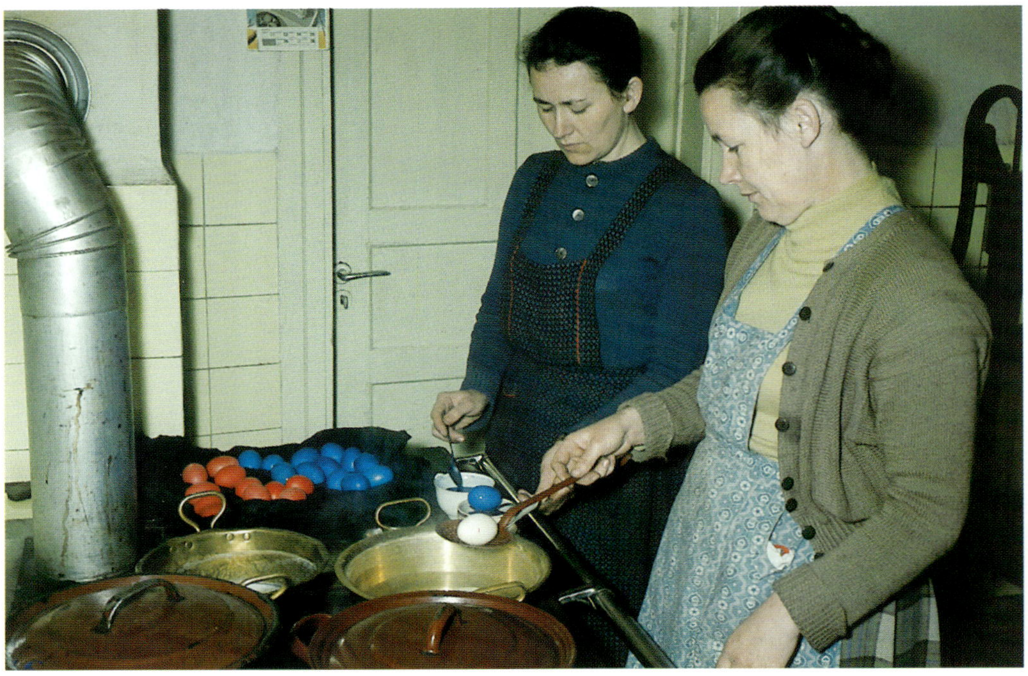

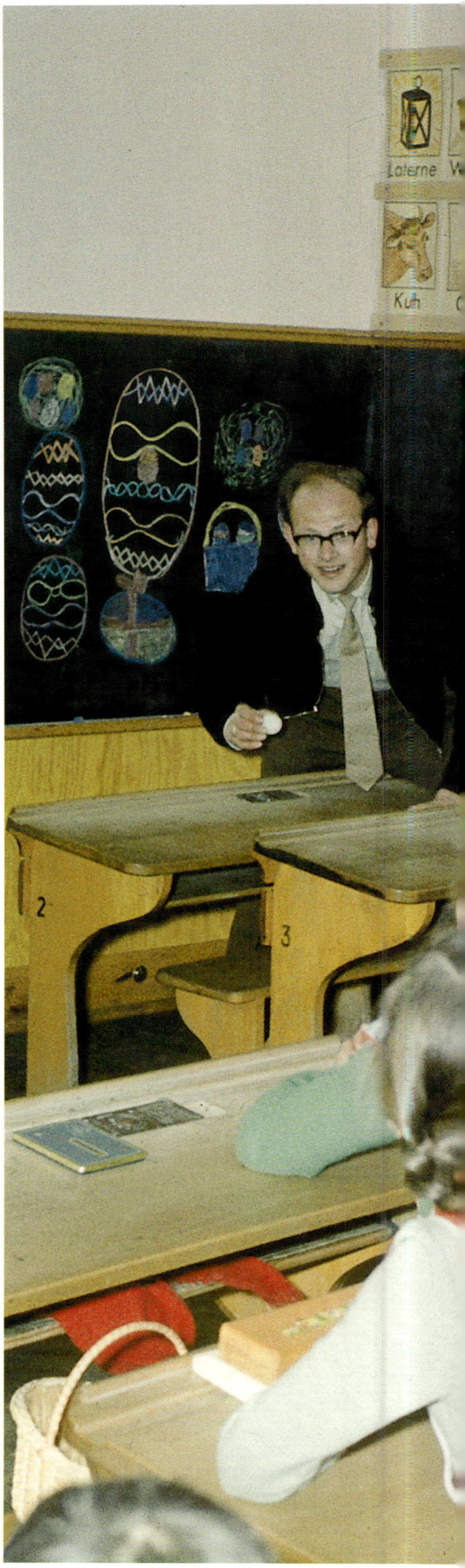

Foto oben: Um das Ei ranken sich im Volksglauben viele Vorstellungen. Daher nimmt es vor allem im Brauchtum des Frühlings eine herausragende Stelle ein. Dazu gehört auch das Bemalen oder einfache Färben der Ostereier. Die auf dem Küchenherd am Abend des Karsamtages hart gekochten Eier erhalten gleich daneben ihr Farbkleid. Bei der einfachsten Art des Färbens benützte man Zwiebelschalen, manchmal auch Kaffeesatz.
Am Ostermorgen wandern die Eier in die Hasennester, die man im Garten versteckt hergerichtet hat, bevor die Kinder erwacht sind. Sie machen sich dann gleich an das Suchen und haben viel Spaß dabei.

Foto rechts: Von umgekehrten Rollen kann man gewissermaßen beim Brauch in einer dörflichen Schule sprechen, wo mehrere Jahrgänge in einer Klasse zusammen unterrichtet werden. Am letzten Tag vor den Osterferien, das war dort meist der Gründonnerstag, verweigern die Schüler ihrem Lehrer am Morgen den Zutritt zum Klassenzimmer, weil drinnen schon der Osterhase am Werk ist, das heißt, Buben und Mädchen verstecken von zu Hause mitgebrachte rohe Eier, wo es nur geht. (Fast alle Familien betrieben noch eine eigene Hühnerhaltung.) Angehende Künstler betätigen sich mit farbigen Kreiden als Maler an der Wandtafel. Begleitet vom Lachen und Schreien der Kinder muß sich dann der Lehrer ans Suchen machen. Bei den am besten versteckten Eiern erhält er als Hilfe die Zurufe „warm" oder „kalt". Wenn die Verstecke nicht ausreichen für alle, so folgt einen zweite Welle. Der Lehrer muß dann also noch einmal vor die Türe gehen. Die Eier neben den Schreibmäppchen auf der Schülerbank im Vordergrund des Bildes weisen darauf hin.

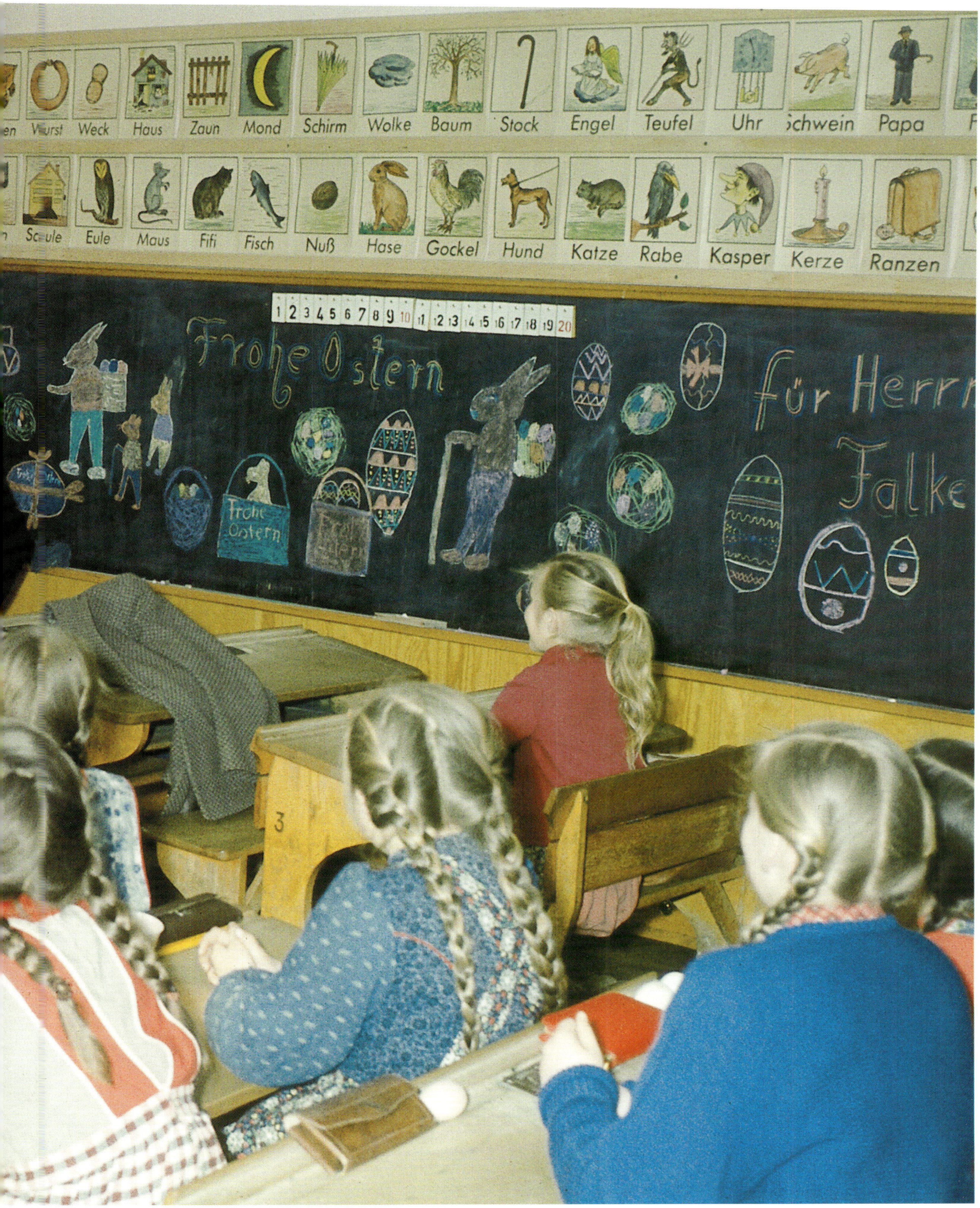
Weck
Haus
Zaun
Mond
Schirm
Wolke
Baum
Stock
Engel
Teufel
Uhr
Papa
Eule
Maus
Fifi
Fisch
Nuß
Hase
Gockel
Hund
Katze
Rabe
Kasper
Kerze
Ranzen
1 2 3 4 5 6 7 8 9 10 11 12 13 14 15 16 17 18 19 20
Frohe Ostern
Frohe Ostern

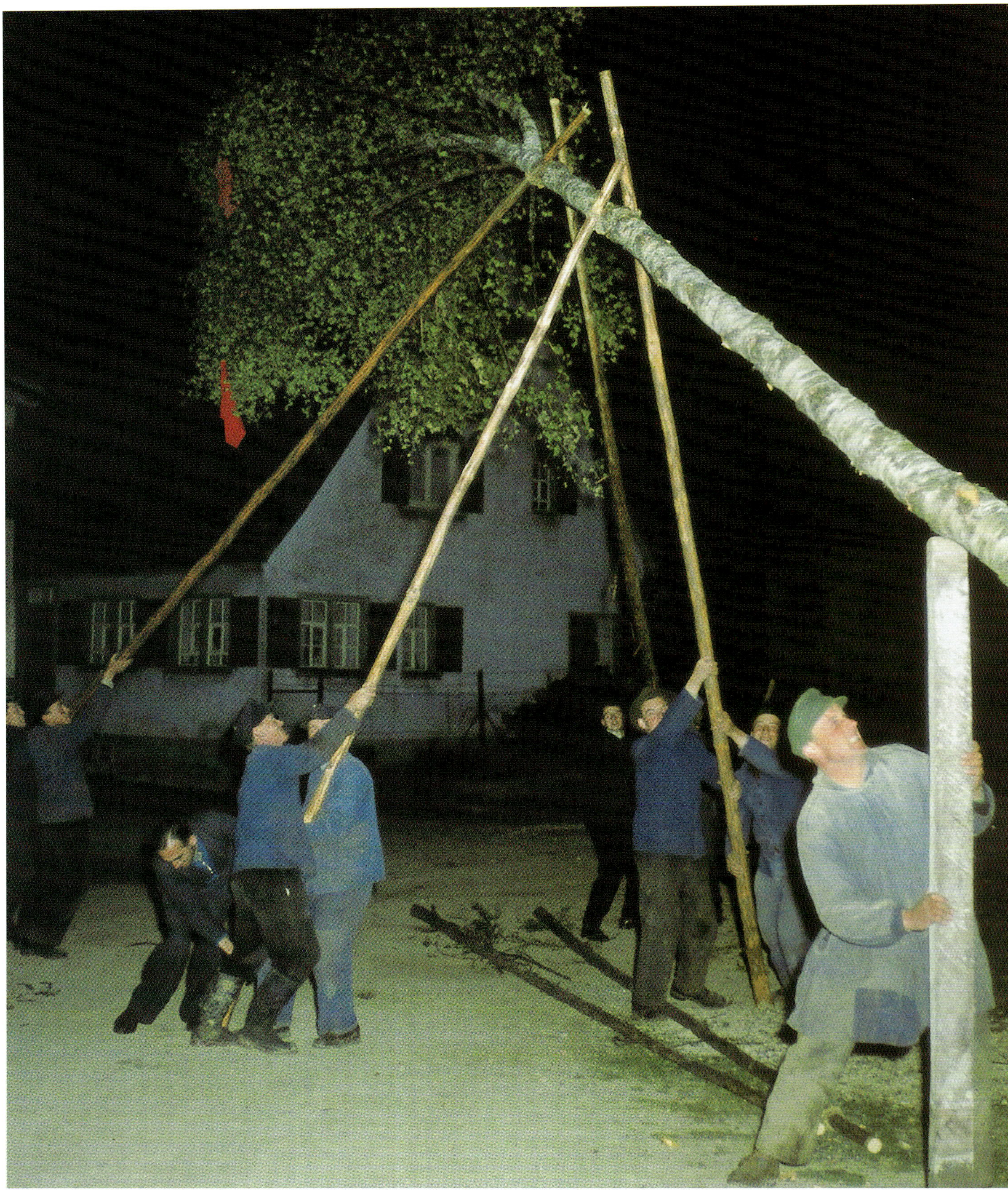

Junge Burschen trafen sich während der Wintermonate an bestimmten Abenden jeder Woche als Kameradschaft immer im gleichen Haus (vgl. Seite 59). Als sichtbaren Dank für die Beherbergung stellen sie den Hauseltern einen Maibaum vor die Türe. Im Bild rechts ist es eine Fichte. Auf Nadelbäume mußte man zurückgreifen, wenn das Grün der Birken Ende April noch auf sich warten ließ.
In der Mainacht übernimmt die Kameradschaft außerdem auch das Aufstellen des allgemeinen Maibaums für das ganze Dorf, linkes Bild. Hier ist es eine Birke. Wenn sie steht, benützt man eine Leiter zum Anbringen der Symbole für Landwirtschaft und Handwerk des Dorfes am Stamm, also für die Bauern, den Wagner, Schmied und Metzger sowie für die Zimmerleute, Maurer, Schuhmacher, Maler und Bäcker.

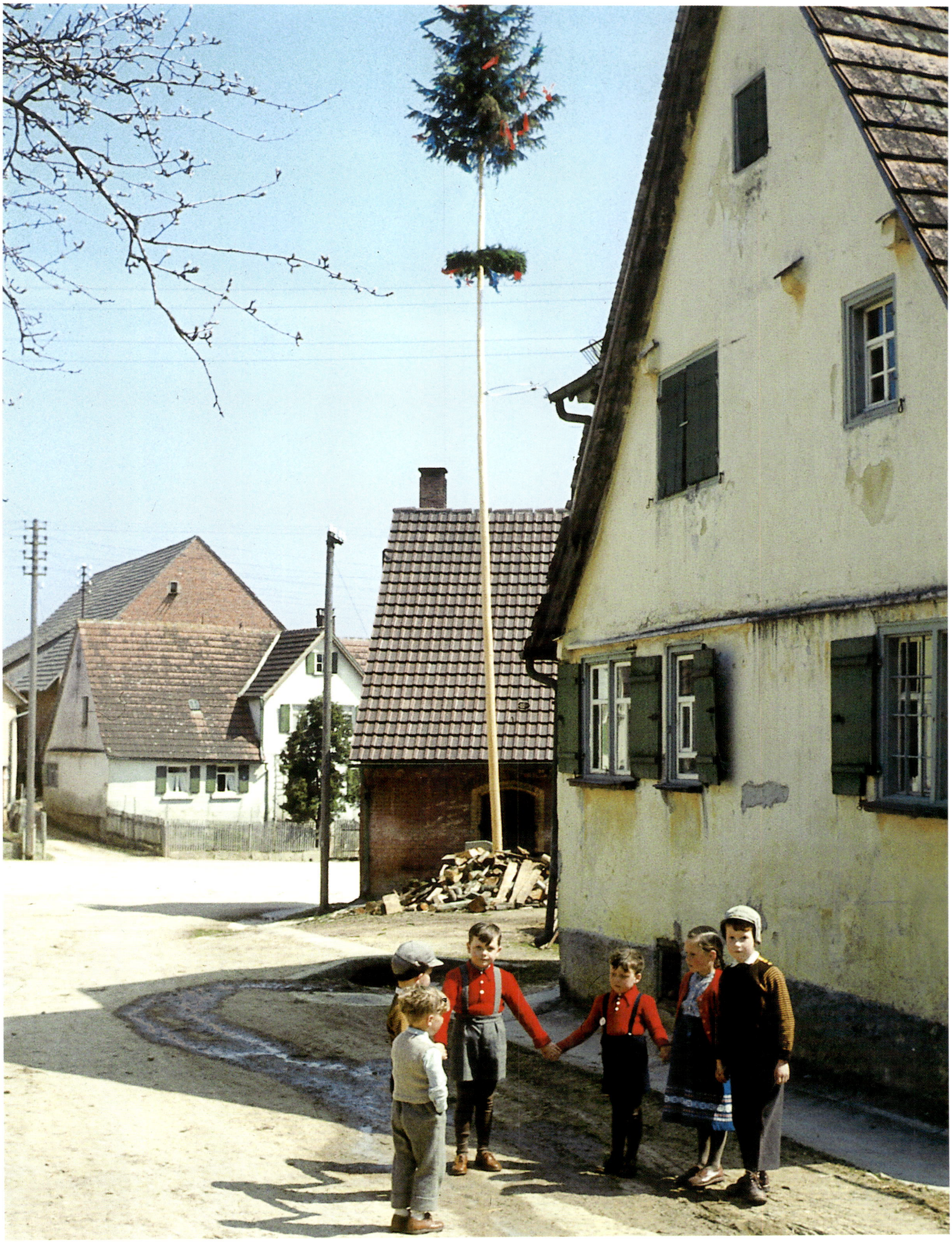

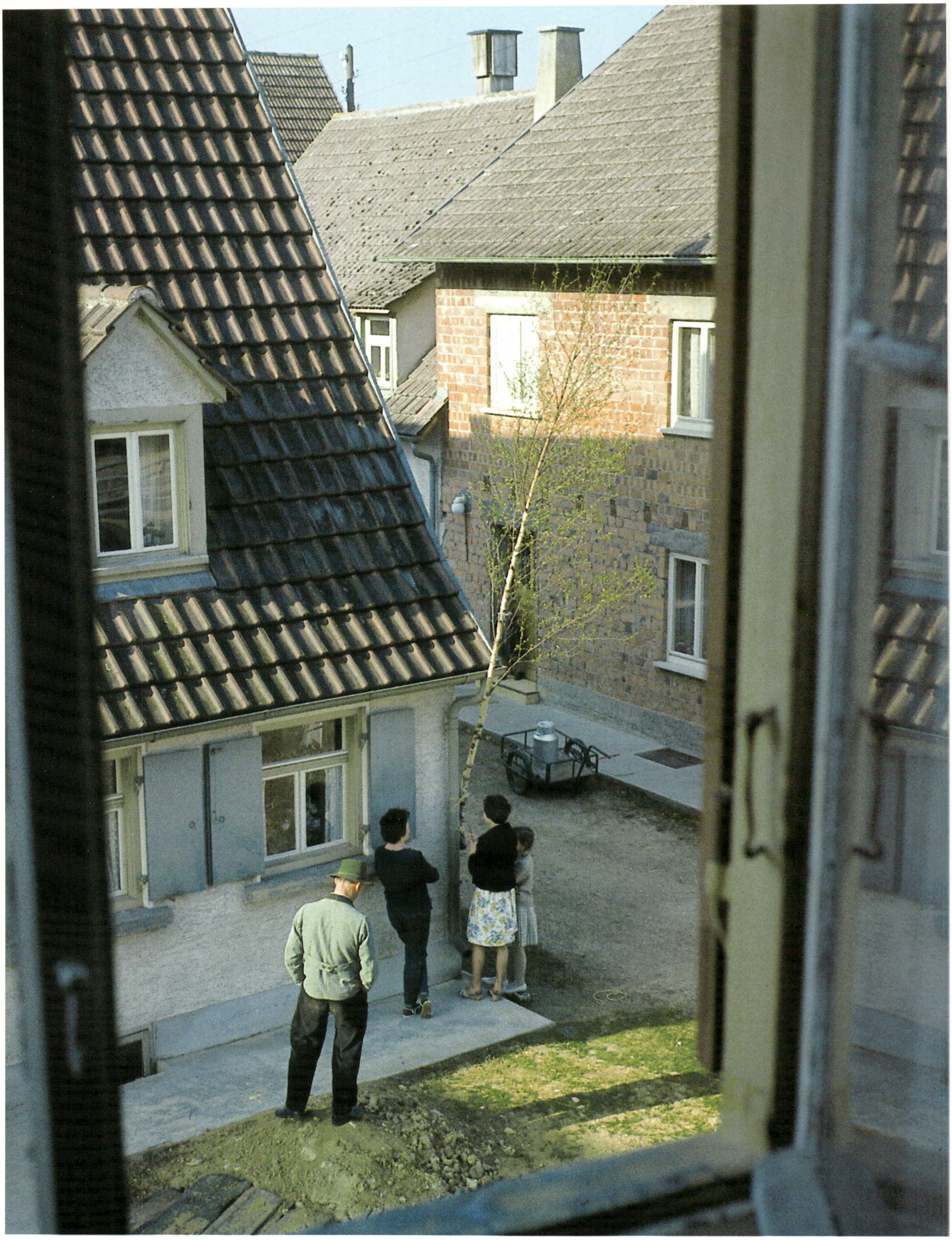

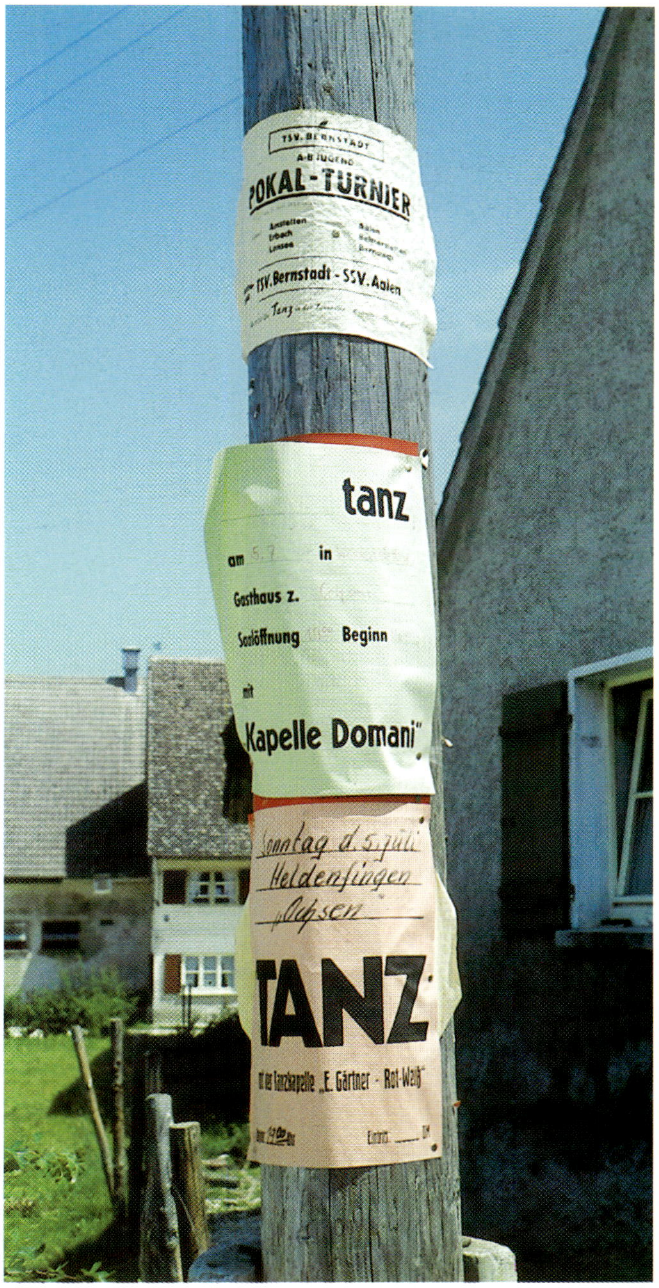

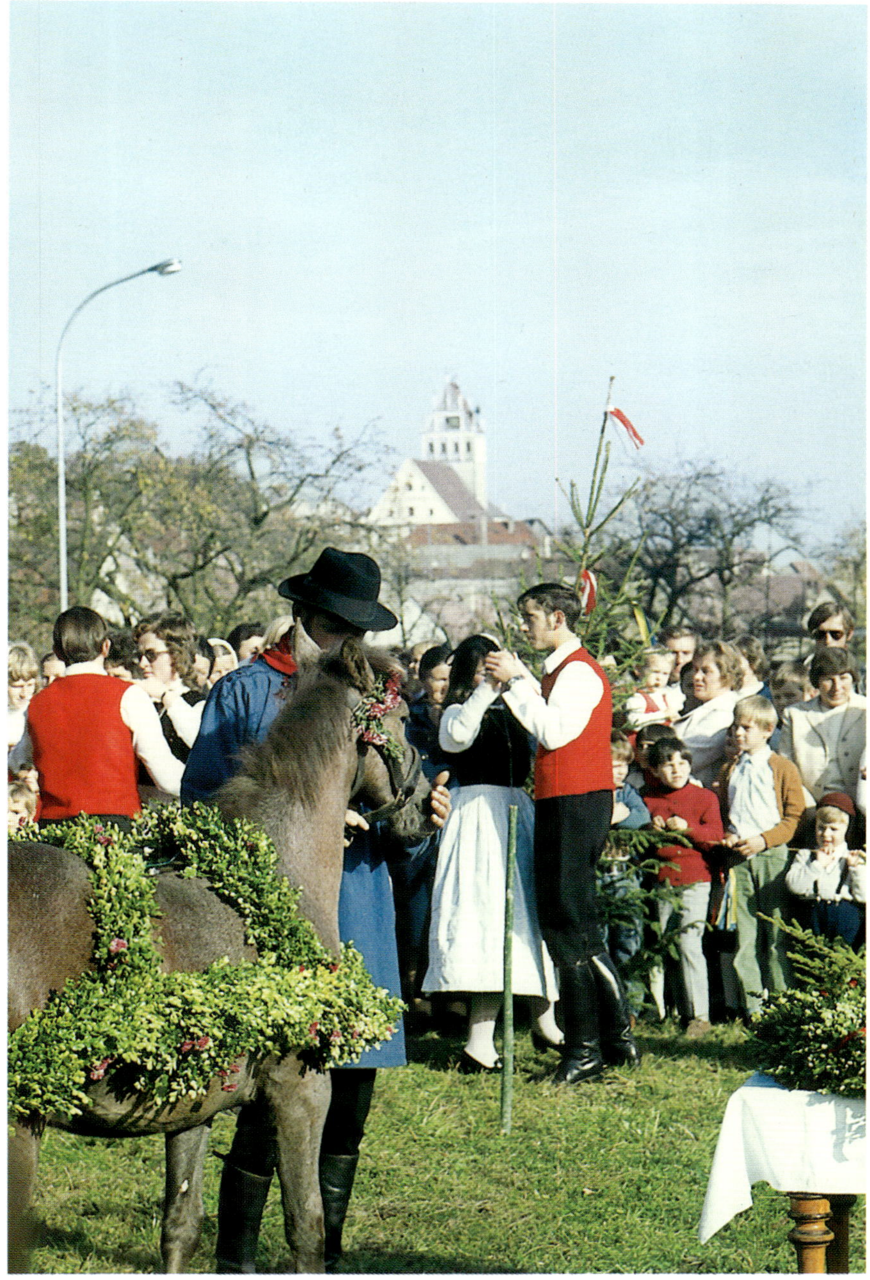

Foto links: In der Mainacht spielt sich im Dorf allerhand ab. Bekannt sind neben dem Aufstellen des Maibaums die Mainachtsscherze, die nicht immer nur für Spaß sorgen. Ledige Mädchen erhalten von Verehrern als Zeichen der Zuneigung einen „Maien gesteckt". Das gehört dann bei Tagesanbruch zu den Überraschungen, mit denen man rechnete oder auch nicht, und die an diesem schönen Morgen den Gesprächsstoff bilden am Ort des Geschehens wie im Bilde oder aber in der Molke. Auf den Weg dorthin deutet der Anhänger mit der Milchkanne hin. Bleibt der „Maien" nicht längere Zeit an seinem Platz, so ist das ein Wink für den Verehrer, daß er abgeblitzt ist.

Foto links oben: Wenn der bescheidene Platz zum Anbringen von Bekanntmachungen an oder in der Molke belegt war, bedient man sich der Telefon- oder Strommasten im Dorf für den Plakatanschlag. So konnte man erfahren, wo und wann auswärts etwas geboten war.

Foto rechts oben: Beim Füllestanz in Altheim auf der Alb am letzten Montag im Oktober ziehen die jungen Paare von dem zum Standquartier erwählten Gasthaus zum Tanzplatz am Rande des Dorfes. Voran marschiert die Musikkapelle, gefolgt vom Füllen mit seinem Führer. Auf einer Wiese stecken, einen Kreis bildend, hölzerne Stäbe im Boden. Ihre Anzahl entspricht der der mitwirkenden Paare. Sie tanzen zu den Klängen eines Walzers im Kreis herum, bis der Knall eines Böllers das Zeichen zum Halt gibt und zum Herausziehen des Stabes, neben dem man gerade steht. Gewinner ist, wer den Stock erwischt, aus dessen in der Erde gestecktem Ende ein langer Nagel herausragt. Das mit Girlanden aus Bux geschmückte Füllen gibt es allerdings nicht mehr als Gewinn. An dessen Stelle sind einfachere Geschenke für das Siegerpaar getreten, das sich anschließend mit Freibier in der Wirtschaft revanchiert.

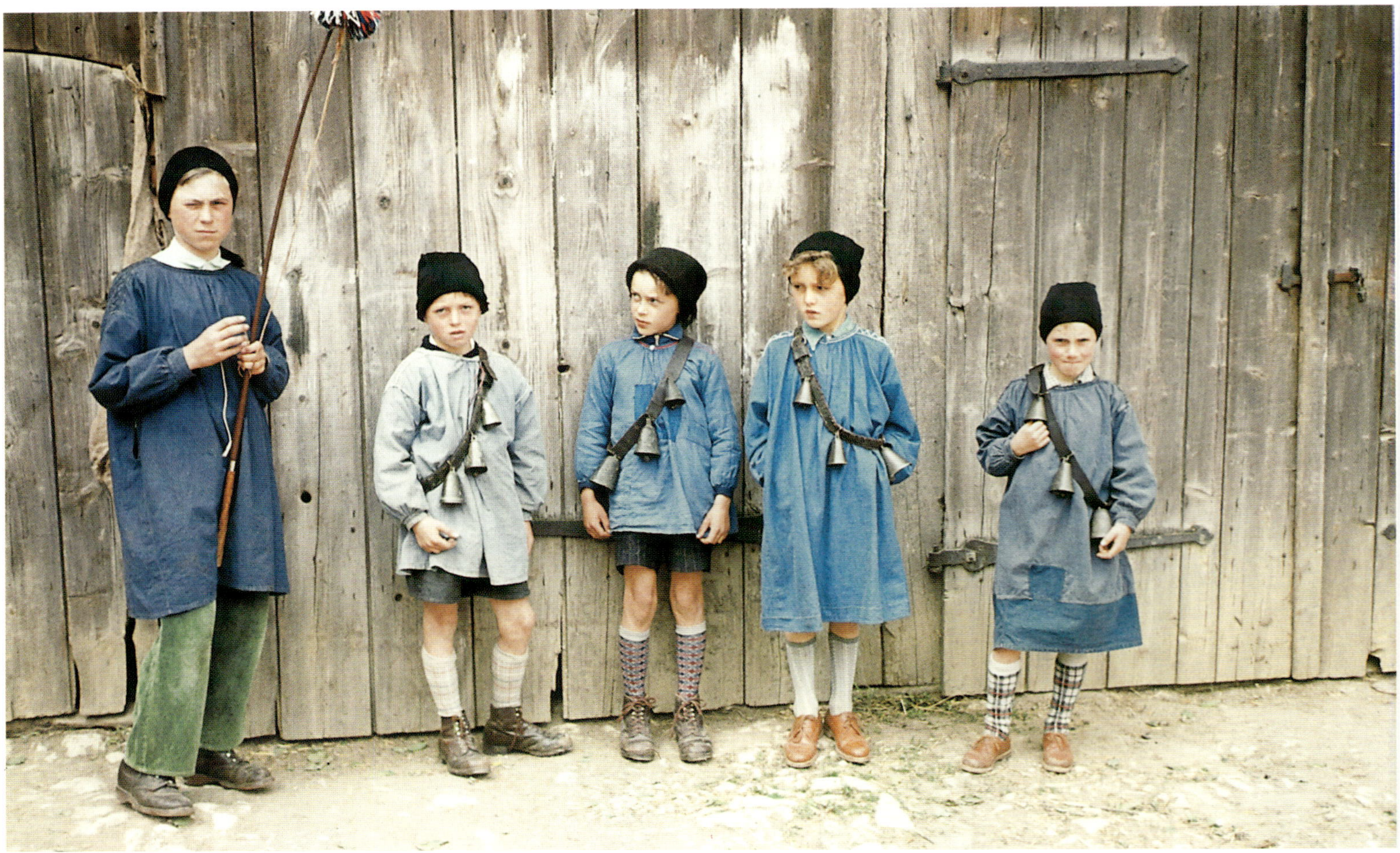

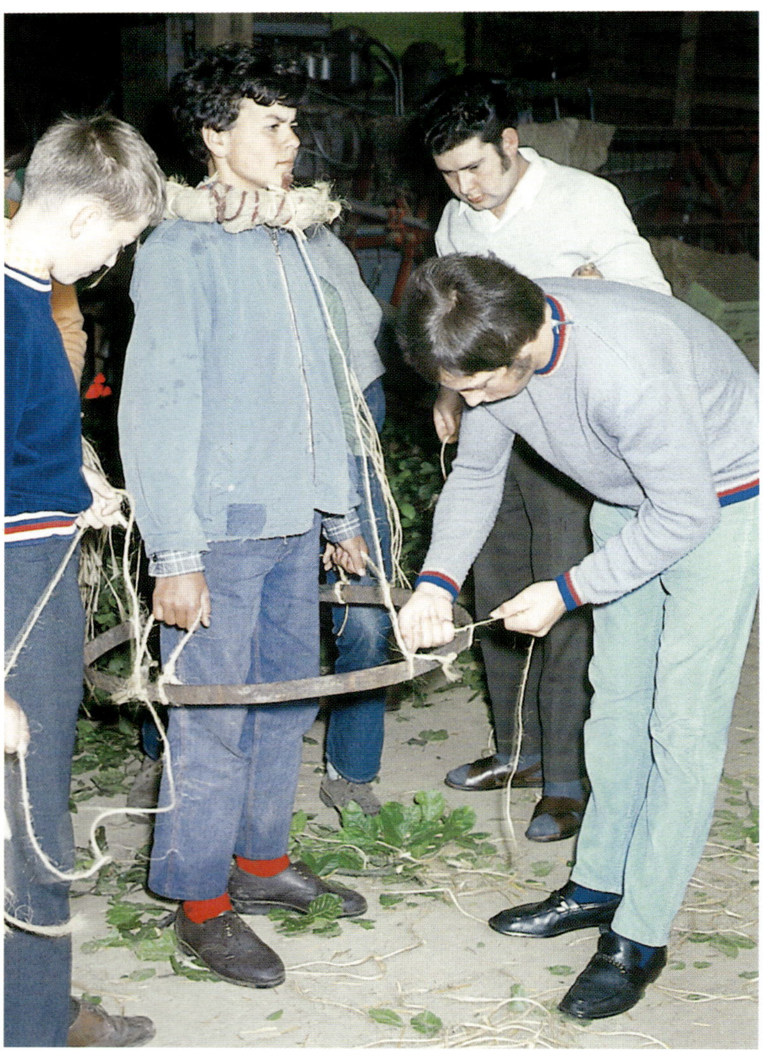

Foto oben: Die Gruppe wartet vor dem geschlossenen Scheunentor auf das Heraustreten des Pfingstlümmels. Als Zeichen seiner Würde hat der „Fuhrmann" eine Geißel, die er aber nie schwingt und knallen läßt. Die Eiersammler erkennt man an den umgehängten Schellenriemen.

Foto links: Was die Kamera hier festgehalten hat, verstößt gegen die überlieferte strenge Regel, daß niemand außer den engsten Beteiligten wissen darf, wer der Pfingstlümmel ist. Es braucht allerhand Zeit und Geschick, bis die Verkleidung fertig ist.

Foto rechts: Sie besteht aus jungem Buchenlaub in der Form eines Kegels. Die Buben haben die jungen Zweige in aller Herrgottsfrühe des Pfingstmontags auf Handwagen aus dem Wald geholt. In der Wanne am Boden links stehen die bunten Sträuße, die von Mädchen schon am Vortag gebunden wurden und mit denen nun das grüne Gewand geschmückt wird.

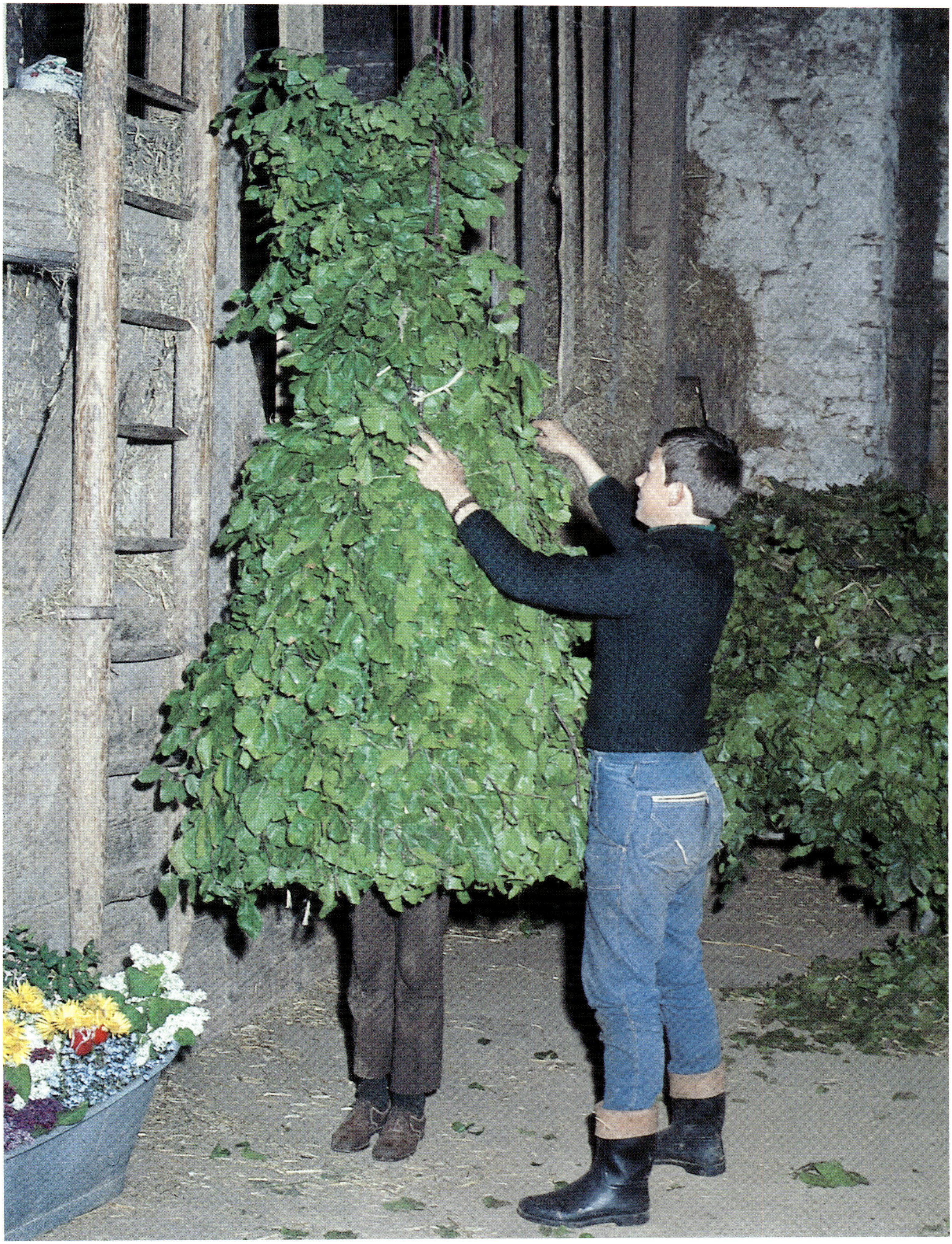

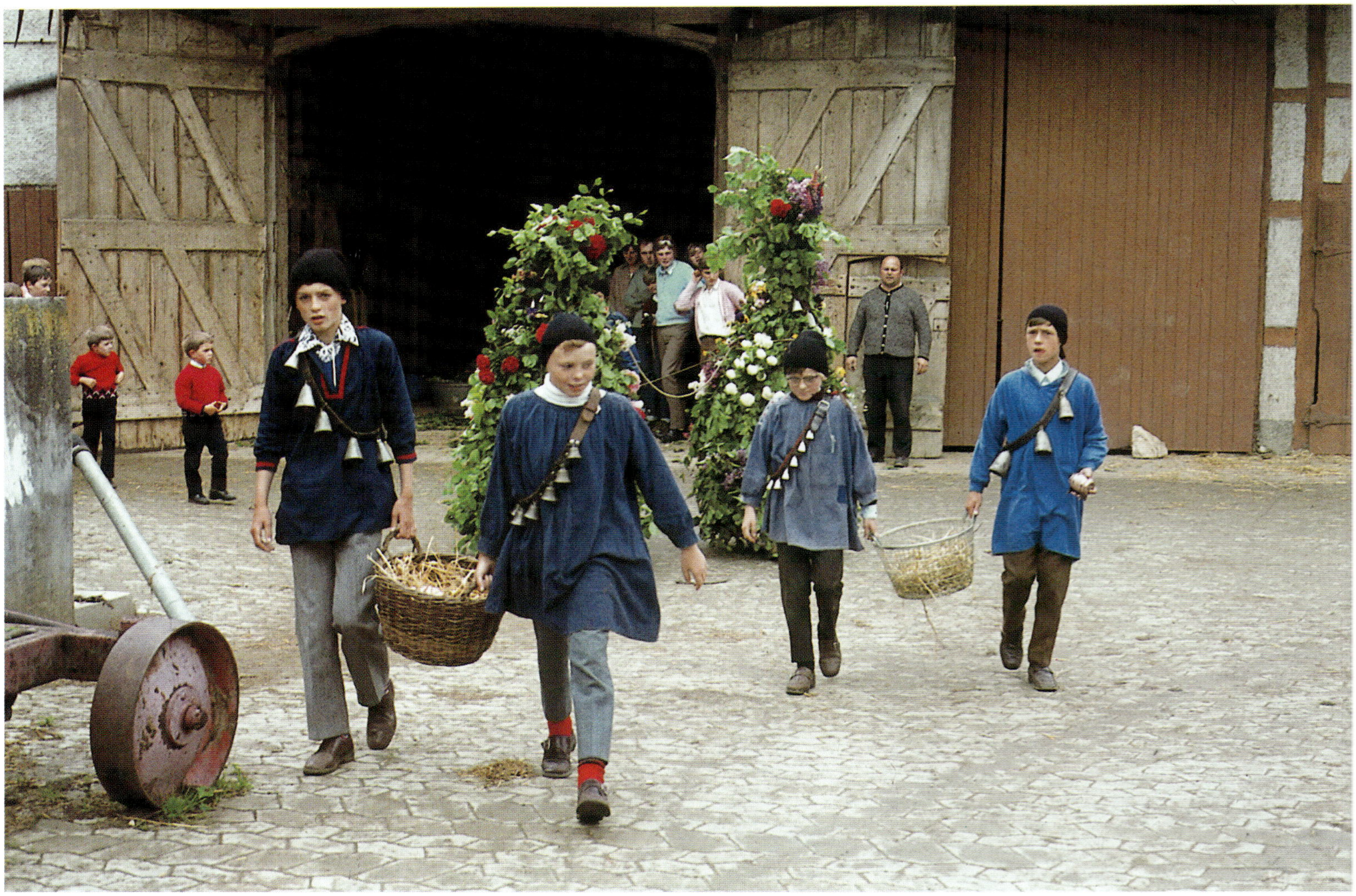

Foto oben: Knarrend öffnet sich das Scheunentor und gibt den Weg frei gleich für zwei der grünen Gestalten, die den Frühling darstellen sollen. In den Körben der Eiersammler verhindert ein Polster aus Stroh mögliche Bruchschäden. Die Schellen an den Riemen erklingen und machen auf den bunten Zug durch das Dorf aufmerksam.

Lümmel ist eigentlich ein Schimpfwort, bezeichnet es doch einen groben, ungeschlachten Burschen. Wie eine Figur, die als Symbol des Frühlings gilt, zu diesem Namen kommt, bleibt ungeklärt.

Seine Pendants hat der Pfingstlümmel je nach Gegend in Latzmann, Pfingstbutz oder -bär sowie in Pfingstkönig und -königin beim „Pfingsterla" in den Lutherischen Bergen. Dort sprechen die Kinder beim Gabenheischen folgenden Vers:

Ond wellet dia Baura des Pfengsta verbieta,
no wellet mr ehne koi Böckle, koi Goißle, koi Zickle mee hita,
no wellet mr neme Mene treiba,
no wärret dia Baura des Pfengsta scho leida!

Ins Schriftdeutsche übertragen würde dies lauten:

Und wollen die Bauern das Pfingsterln verbieten,
dann wollen wir ihnen kein Böcklein, kein Geißlein, kein Zicklein mehr hüten,
dann wollen wir nicht mehr Mene treiben,
dann werden die Bauern das Pfingsterln schon leiden!

Mene treiben = führen und antreiben von Zugtieren bei Feldarbeiten (vgl. Das Buch: „Landleben in den 50er Jahren" Seite 34 bezogen auf S. 36).

Foto rechts: An jeder Haustür tragen die Buben ihren Heischevers vor (siehe „Kindheit" Seite 29). Die Frauen sind auf diesen Besuch vorbereitet und geben ihnen Eier in den Korb.

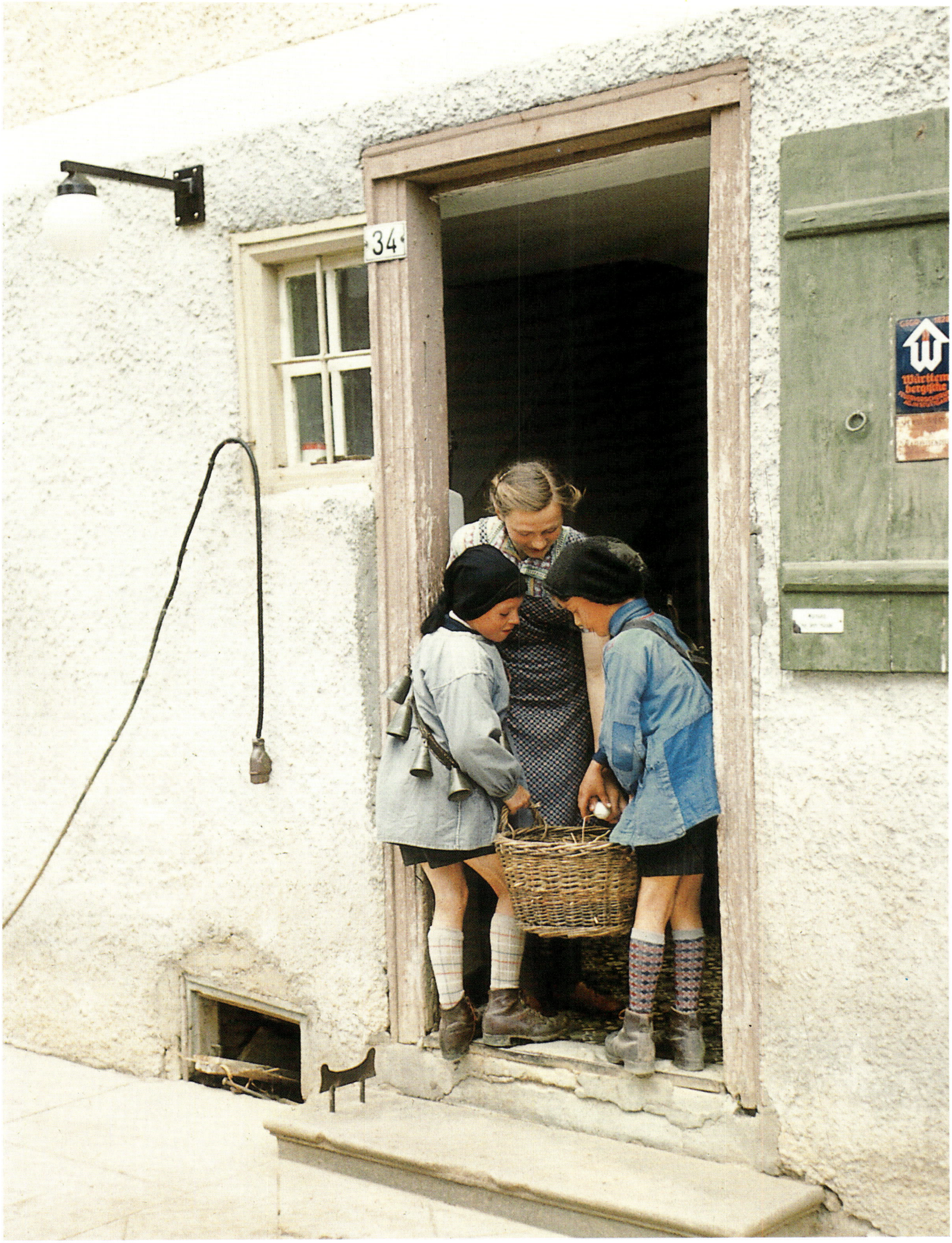
34

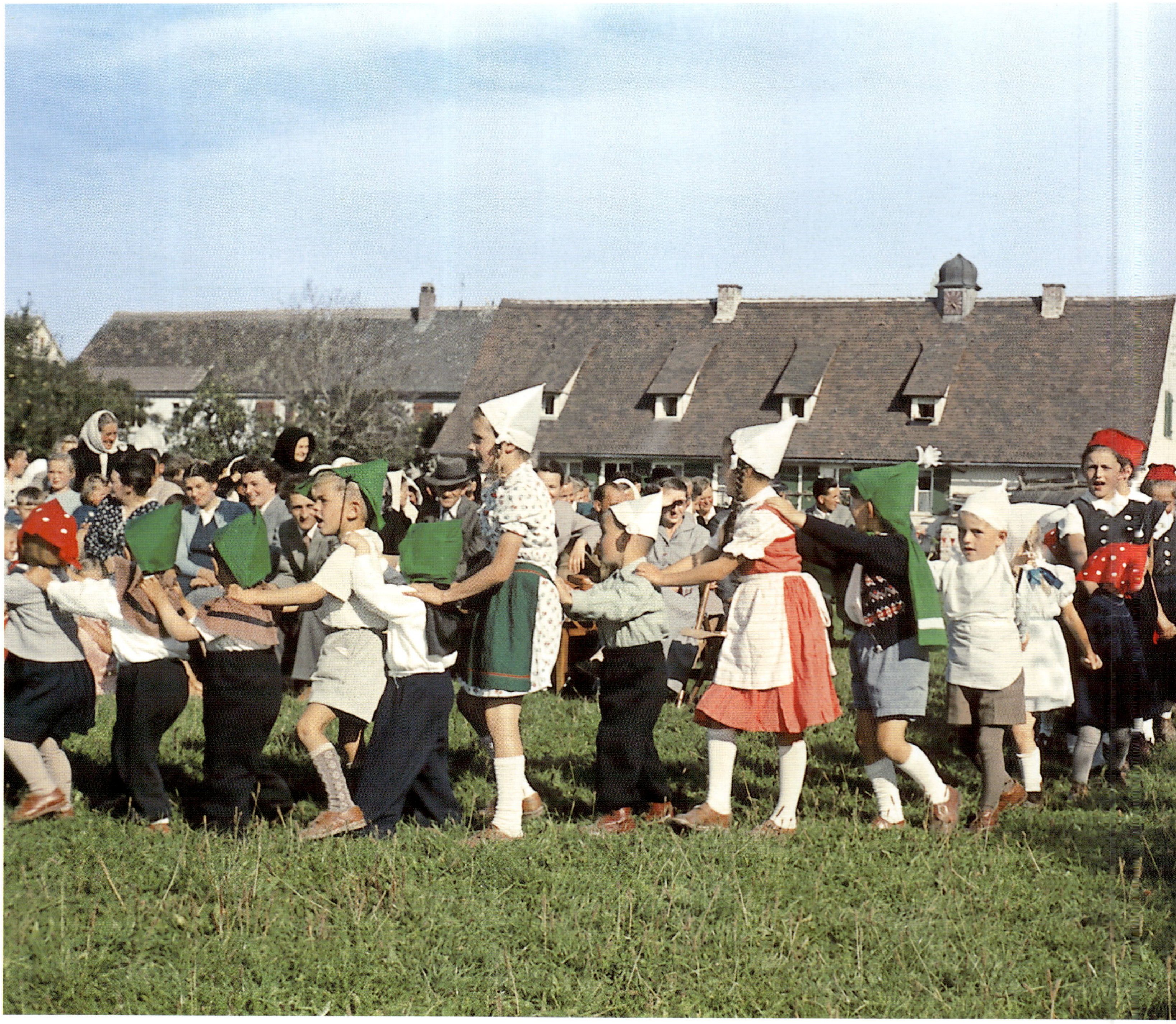

Foto oben links: Der Kindergarten des Dorfes kannte damals keine Sommerferien. Das Einbringen der großen Ernte verlangte den Einsatz aller Kräfte in den Familien. Für die Kleinkinder benötigte man daher dringend eine Obhut. In diesen Wochen stand im Kindergarten die Vorbereitung des Sommerfestchens für die Zeit nach der Ernte auf dem Programm. Die Tage waren dann schon bis September vorgerückt.

Mit großem Eifer sind die Kleinen bei der Sache, wenn es an den Einzug auf die Wiese hinter dem Jugendhaus geht, dürfen sie doch jetzt gleich zei-

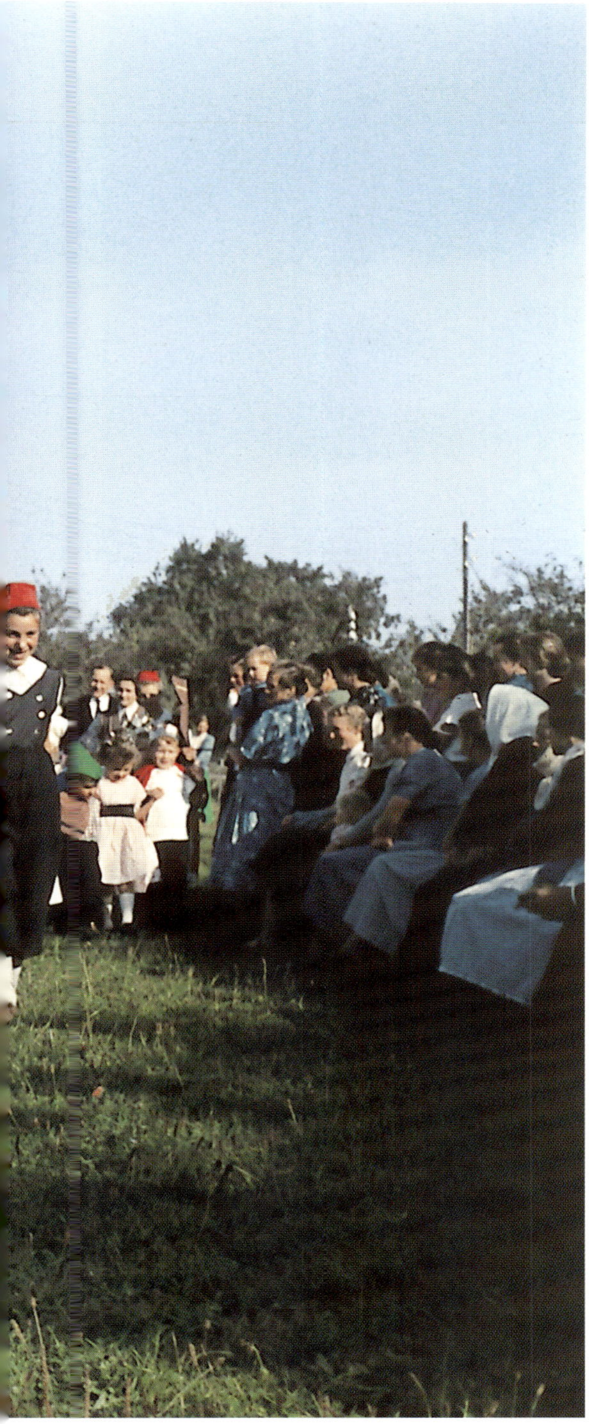

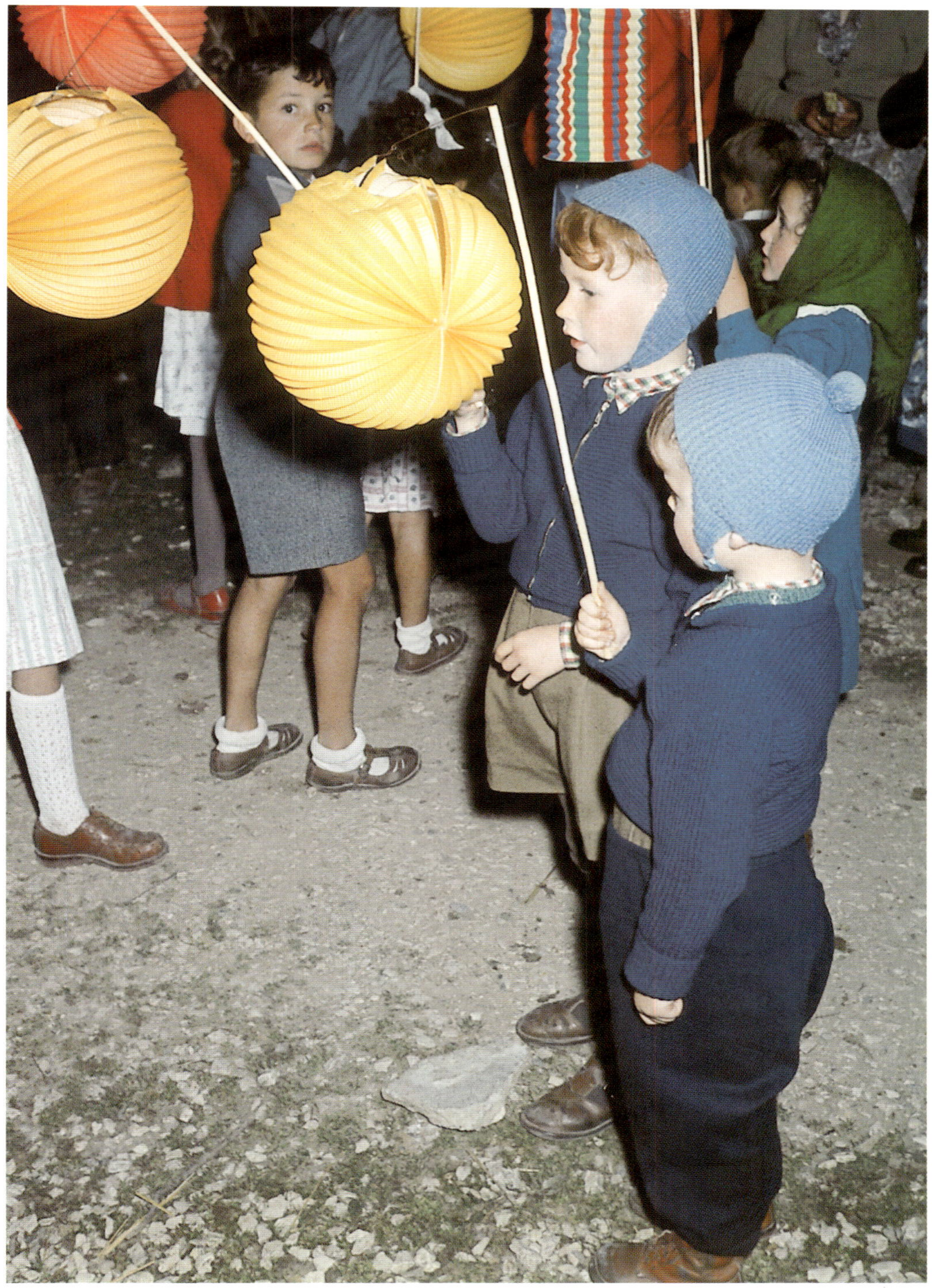

gen, was sie bei ihrer Tante alles gelernt haben.
Neben den Spielen der Kinder beteiligt sich der Posaunenchor mit Einlagen an der musikalischen Gestaltung.

Foto oben rechts: Ein Umzug mit bunten Lampions beschließt den großen Tag der kleinen Leute am Abend. Dabei ziehen sie durch die Straßen und Gassen des Dorfes und singen: Laterne, Laterne, Sonne, Mond und Sterne! Brenne auf mein Licht, brenne auf mein Licht, aber nur meine liebe Laterne nicht!

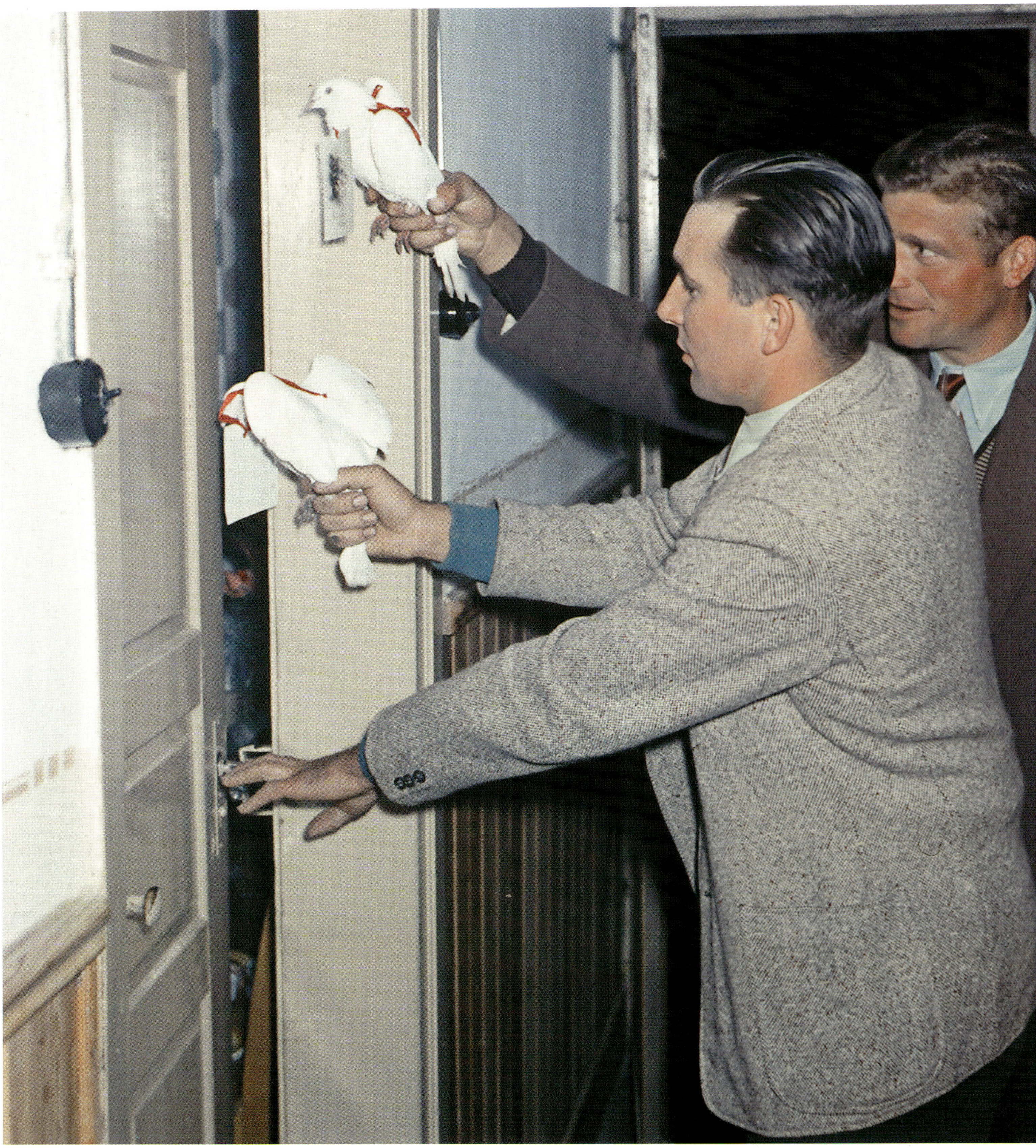

Foto oben: Wenn es aus den Reihen der Burschen und Mädchen wieder zu einer Verlobung gekommen ist, beachtet das ganze Dorf dieses Ereignis. Die Teilnahme und Aufmerksamkeit der Altersgenossen bringen diese jungen Männer im Bild zum Ausdruck, indem sie am Abend weiße Täubchen in die Stube fliegen lassen, wo die Verlobten mit Angehörigen den Tag feiern. Um den Hals gebunden, bringen die Täubchen geschriebene Glückwünsche mit.

Foto rechts: Am Hochzeitstag ist das Brauthaus mit Grün und Girlanden geschmückt. Das Brautpaar wird sich gleich zum Rathaus begeben, wo der Bürgermeister die standesamtliche Trauung vornimmt. Kinder aus der Verwandtschaft warten auf die angekündigten Gäste.

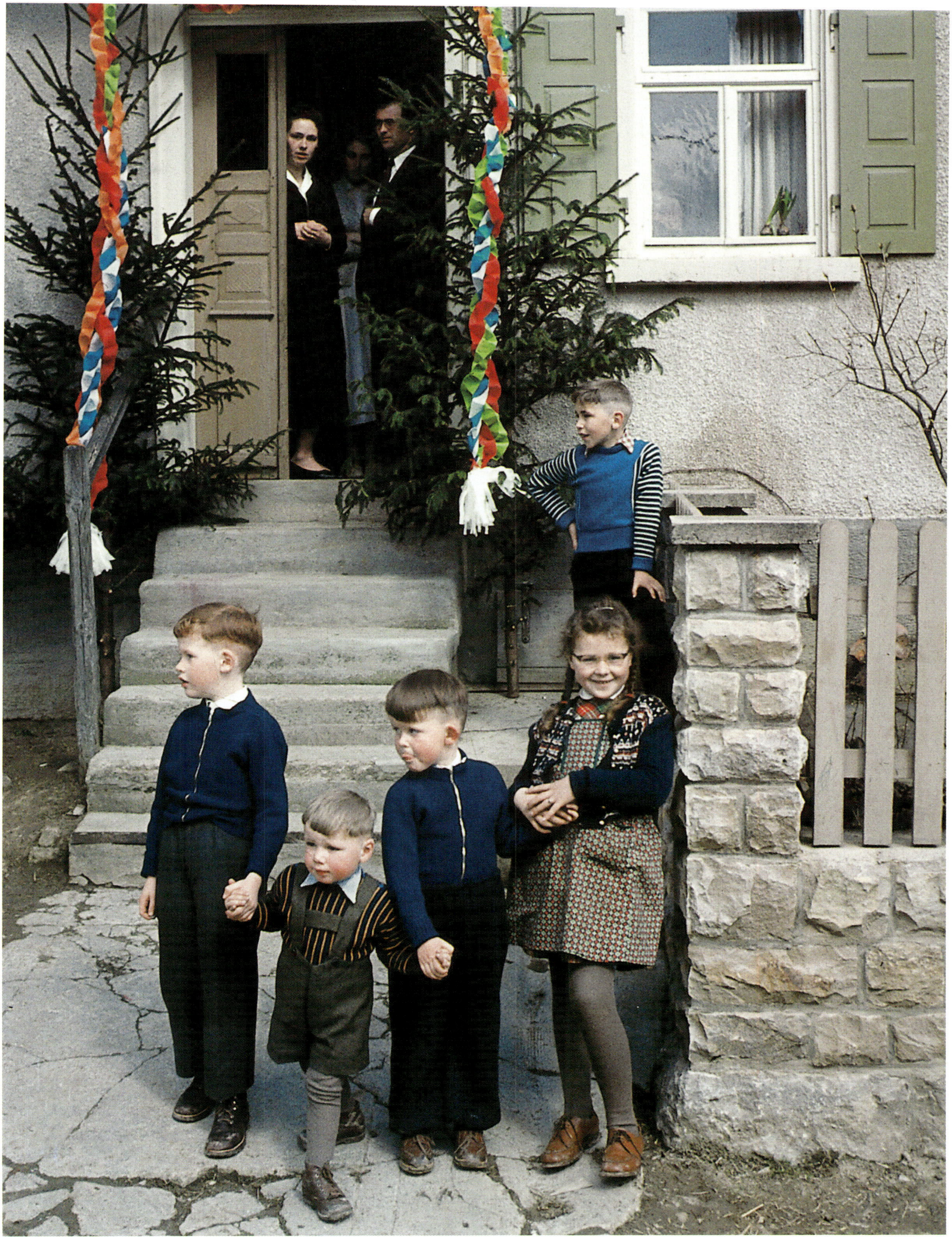

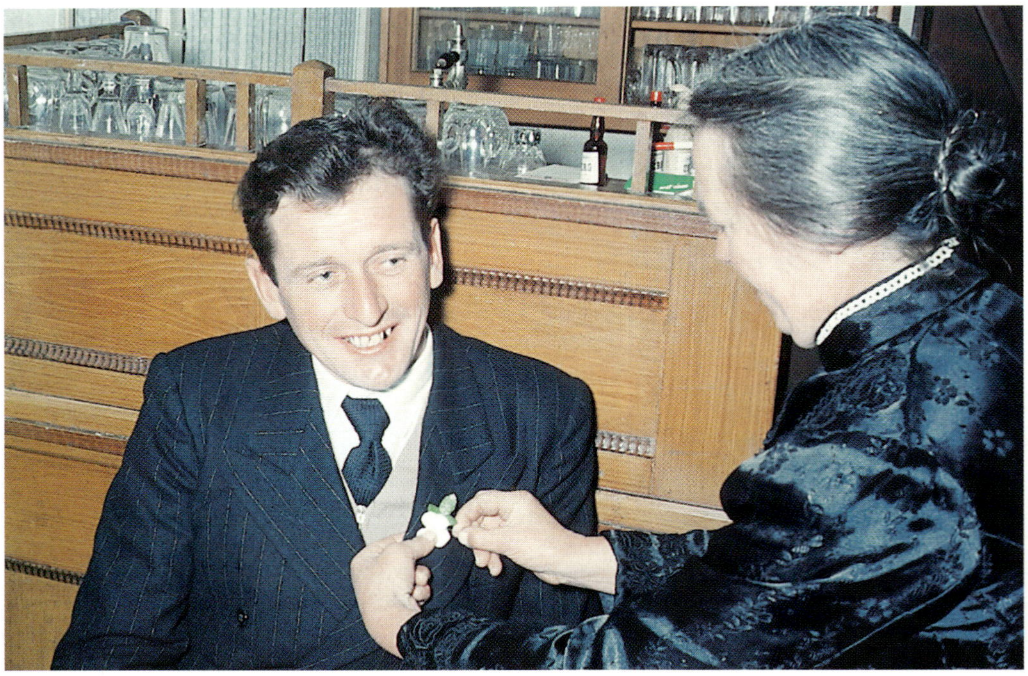

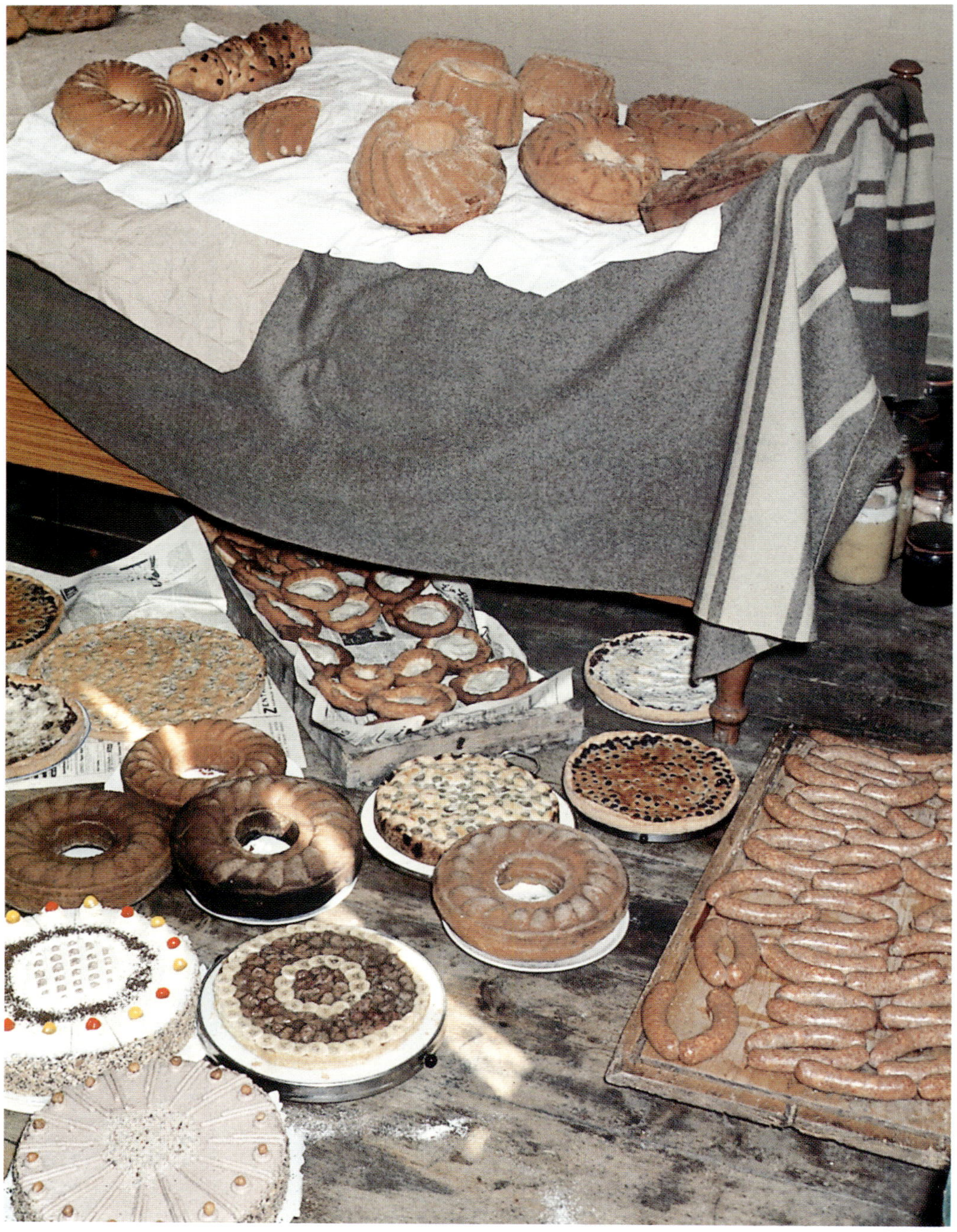

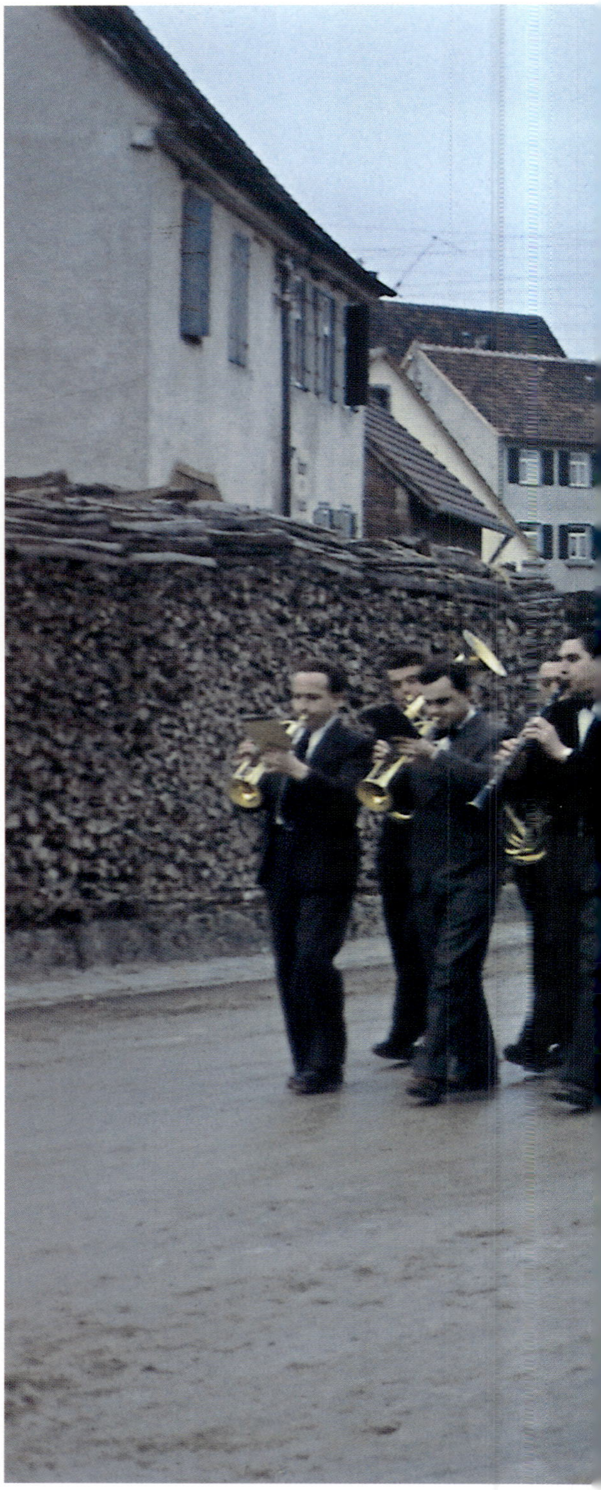

Foto links oben: Außer Hebamme und Leichensagerin gehört die Hochzeitsnäherin zu den drei weisen Frauen des Dorfes. Sie sorgt für die Aussteuerwäsche und für die Aufmachung der Braut. Auf dem Bild heftet die Hochzeitsnäherin einem Gast aus der Hochzeitsgesellschaft in der Wirtschaft ein Blümchen an.

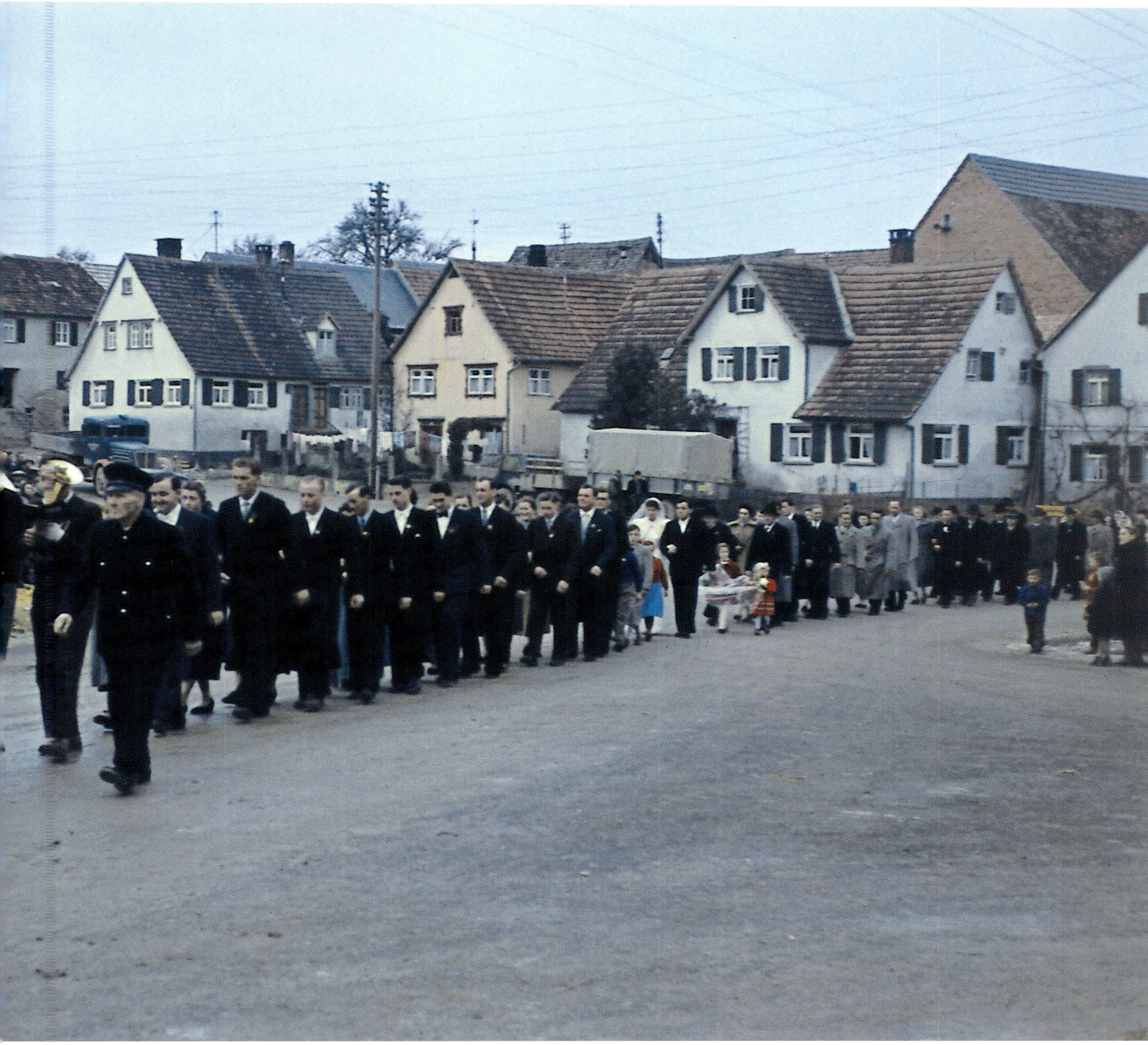

Foto links unten: Zu den vielen Vorbereitungen für eine Hochzeit gehört die Sorge um das leibliche Wohl der Hochzeitsgäste. Ein Blick in die Kammer zeigt einen Ausschnitt dessen, was fleißige Hände da alles zustande gebracht haben.

Foto oben: Wenn der Zug zur kirchlichen Trauung nicht vom Brauthaus aus stattfindet, sammeln sich die geladenen Gäste im Gasthaus und nehmen von dort aus ihren Weg in die Kirche. Den Zug, begleitet vom Amtsdiener in seiner Sonntagsuniform, eröffnen Musikanten mit Blechinstrumenten, gefolgt von den Paaren der Ledigen. Hinter dem Brautpaar gehen die Eltern, dann die anderen Verheirateten. Kinder geben dem Brautpaar das engere Geleit.

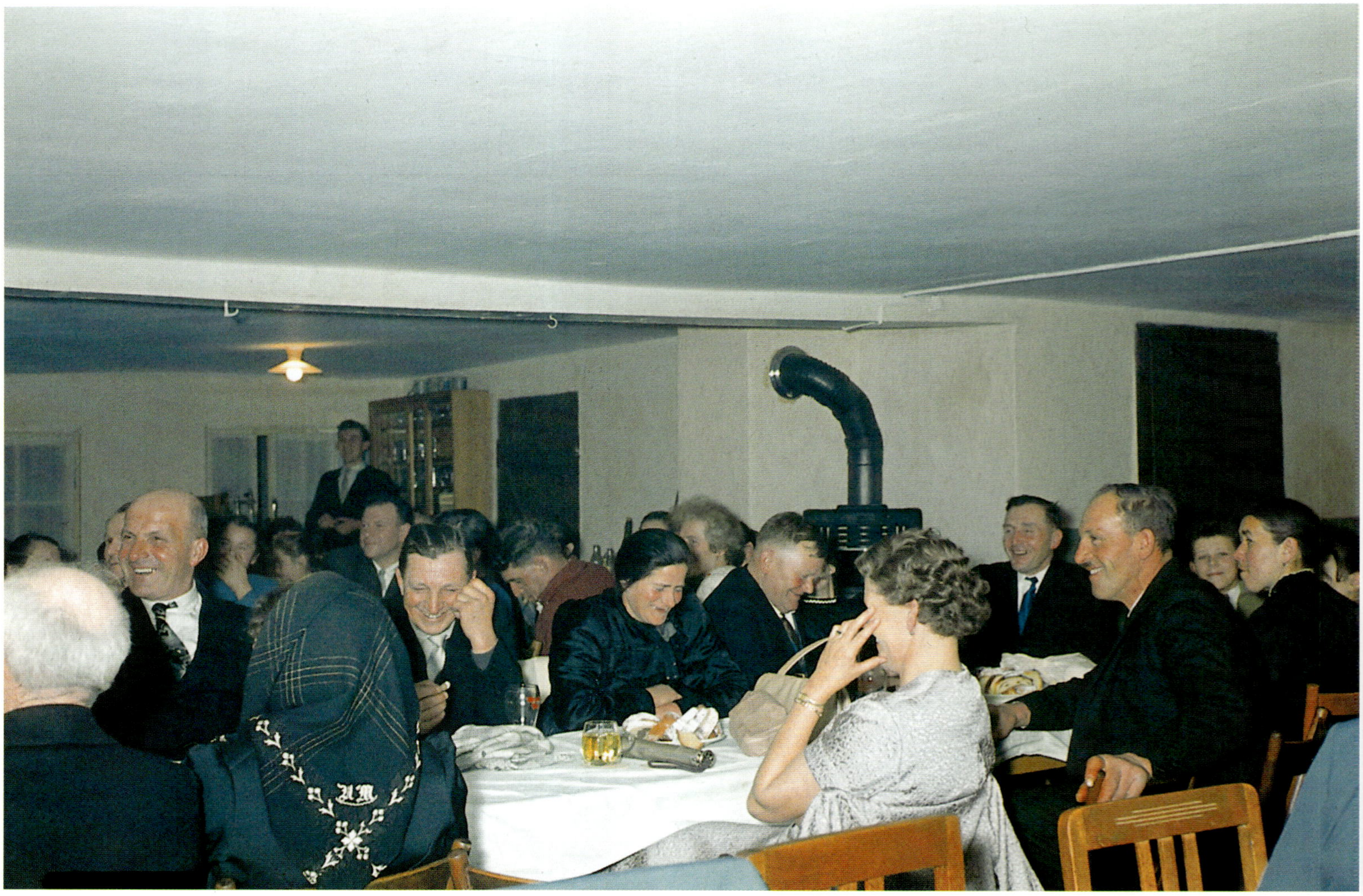

Foto oben: Die geladenen Gäste verbringen nach der Trauung den Tag im Gasthaus beim Mittagessen, Kaffee und Abendessen. Die verheirateten Frauen vor allem interessieren sich dazwischen für das Zuhause des Brautpaares und nehmen dort in Augenschein, was die Braut mitgebracht hat. Zu diesem Zweck stehen Schubladen und Schranktüren offen und müssen prüfenden Blicken und Handgriffen standhalten. Gegen Abend begeben sich die jungen Leute aus der Hochzeitsgesellschaft, begleitet von einem Ziehharmonikaspieler, zu einem sogenannten Abendtanz in die anderen Wirtschaften des Dorfes, damit deren Wirte nicht ganz leer ausgehen.

Foto rechts: Wenn die Hochzeitsfeier im Gasthaus stattfindet, ist sie ohne Tanzvergnügen nicht denkbar. Dazu spielen einheimische Musikanten auf. Zwischen den Tänzen läßt sich einige Male der Männerchor aus dem Dorf mit Liedbeiträgen hören, um dem Brautpaar und seiner Gesellschaft auch die Ehre zu erweisen. Wenn die Musik eine kurze Pause macht, singen die Paare auf der Tanzfläche einen oder mehrere Anbinder oder Schnitze wie zum Beispiel:

Tanz Hansjörgele, tanz Hansjörgele,
d' Stiefel send no nagelnui,
tanz Hansjörgele, tanz Hansjörgele,
d' Stiefel send no nui! -
Wenn du witt des Mädle kriaga,
muscht du d'Stiefele besser schmiera.
Tanz Hansjörgele, tanz Hansjörgele,
d' Stiefel send no nui!

Oder:
Dr Bauer hot zur Bäure gsait,
wenn dui schwaz Henn et lait,
hau ra da Krage ra, he muß se sei!
(Wiederholung)
,s geit a guata Supp, Supp, Supp,
,s geit a guata Supp!

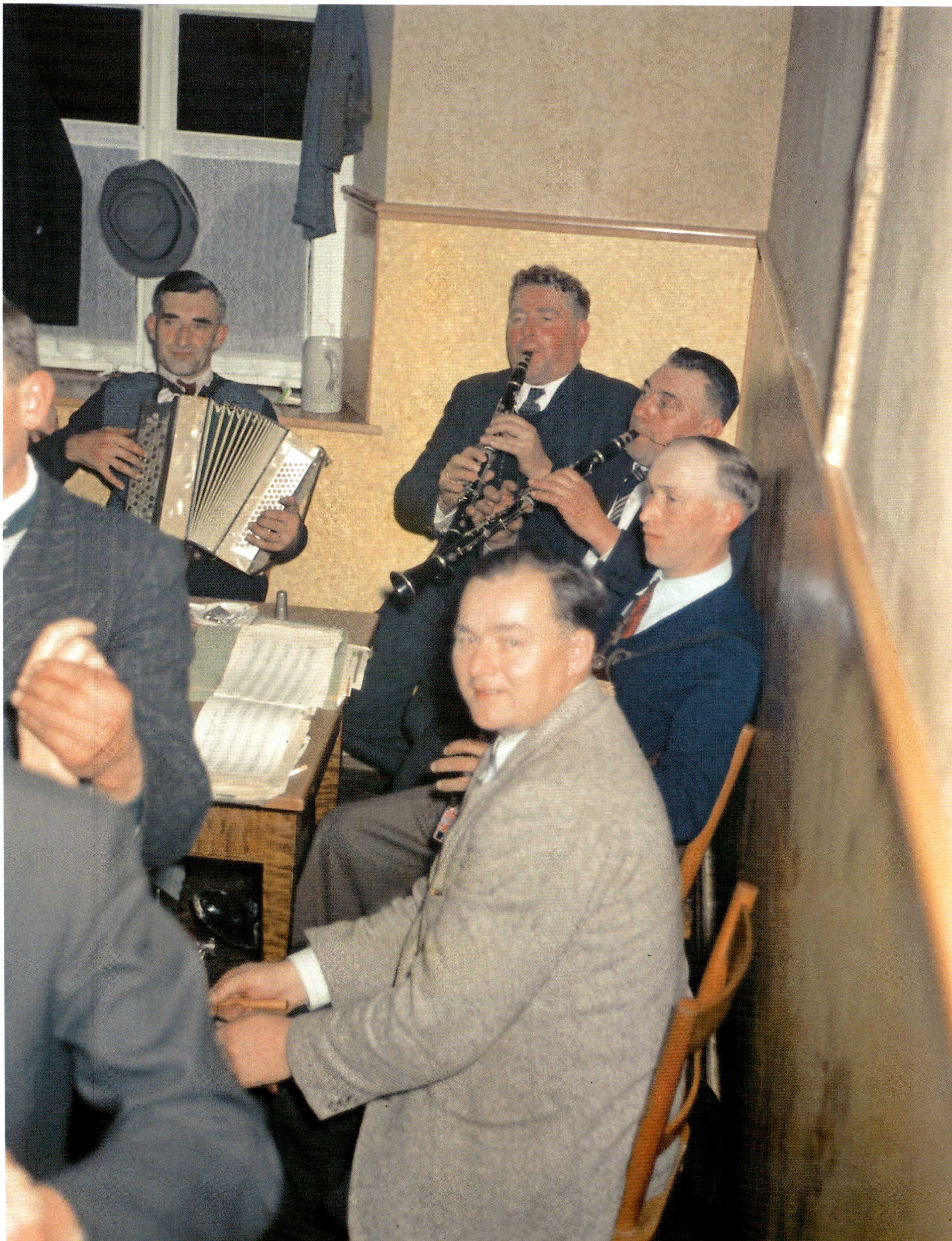

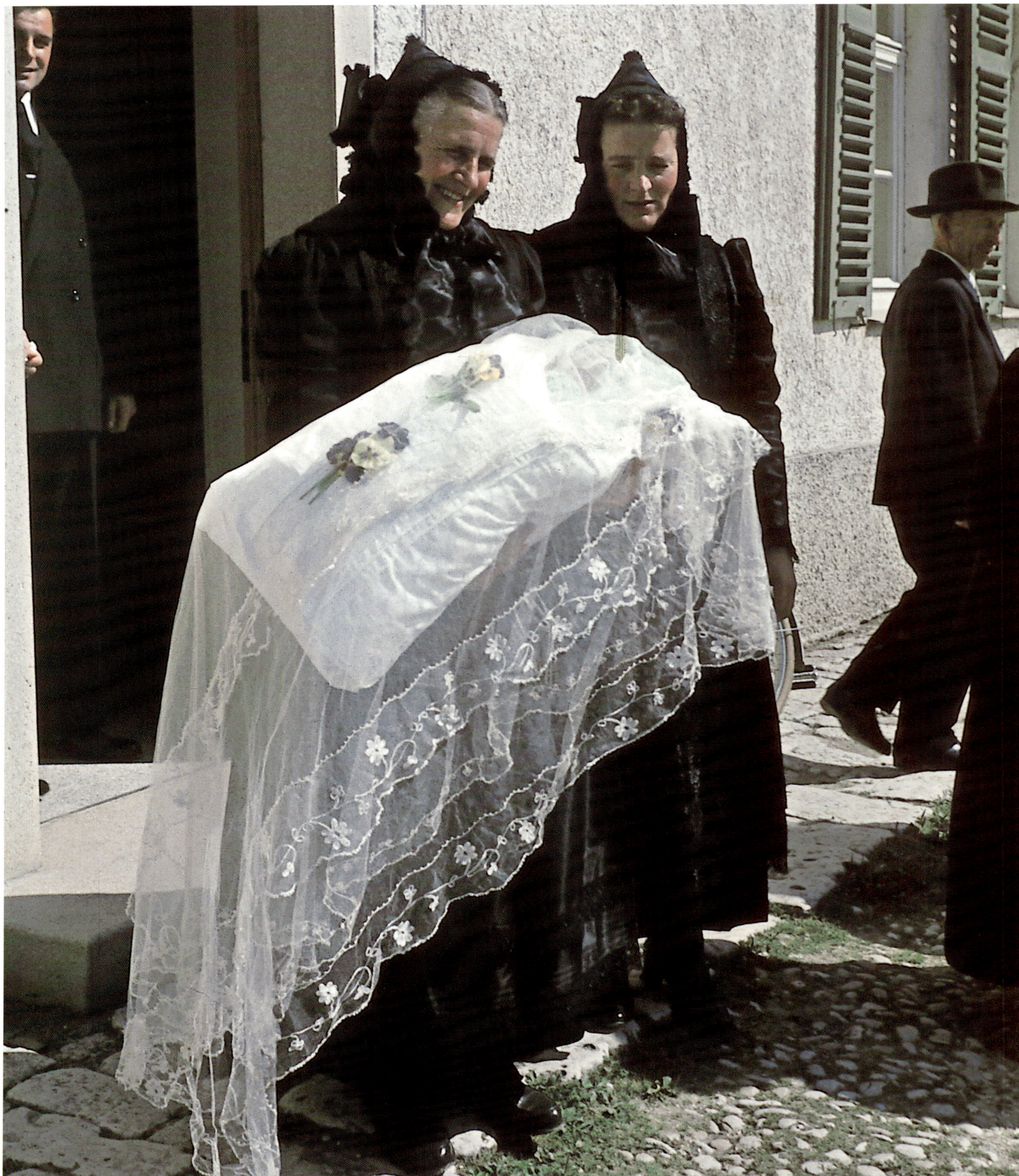

Foto oben: Nach der Taufe stellen sich die Mutter und die Hebamme der Kamera vor dem Pfarrhaus.

Foto rechts: Eltern, Hebamme und Paten sind auf dem Weg zur Taufe, die wegen Innenrenovierung der Kirche im Pfarrhaus stattfindet, wo ein Gemeindesaal das Ausweichen ermöglicht. Die Leute rechterhand im Bild kommen vom dort besuchten Gottesdienst.

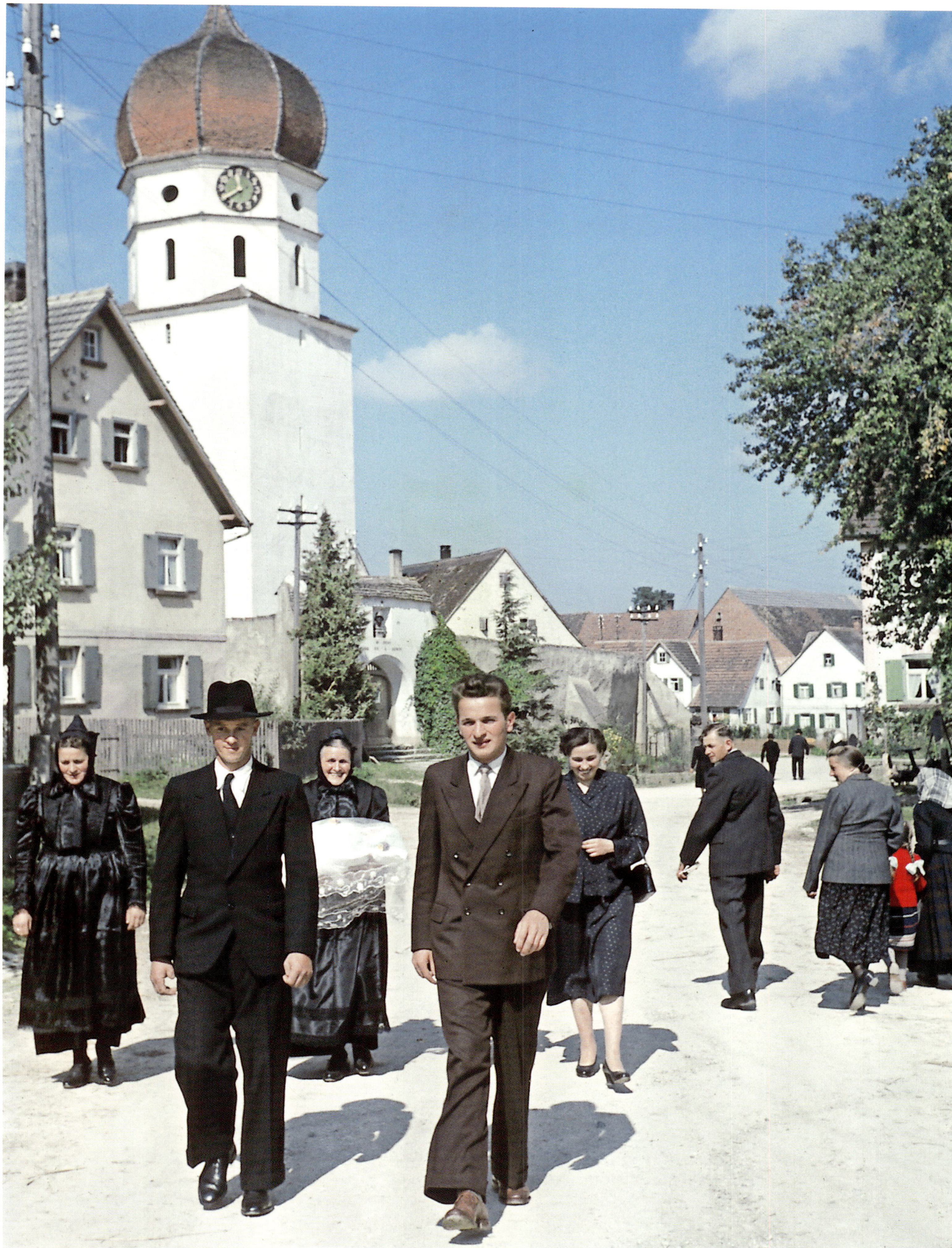

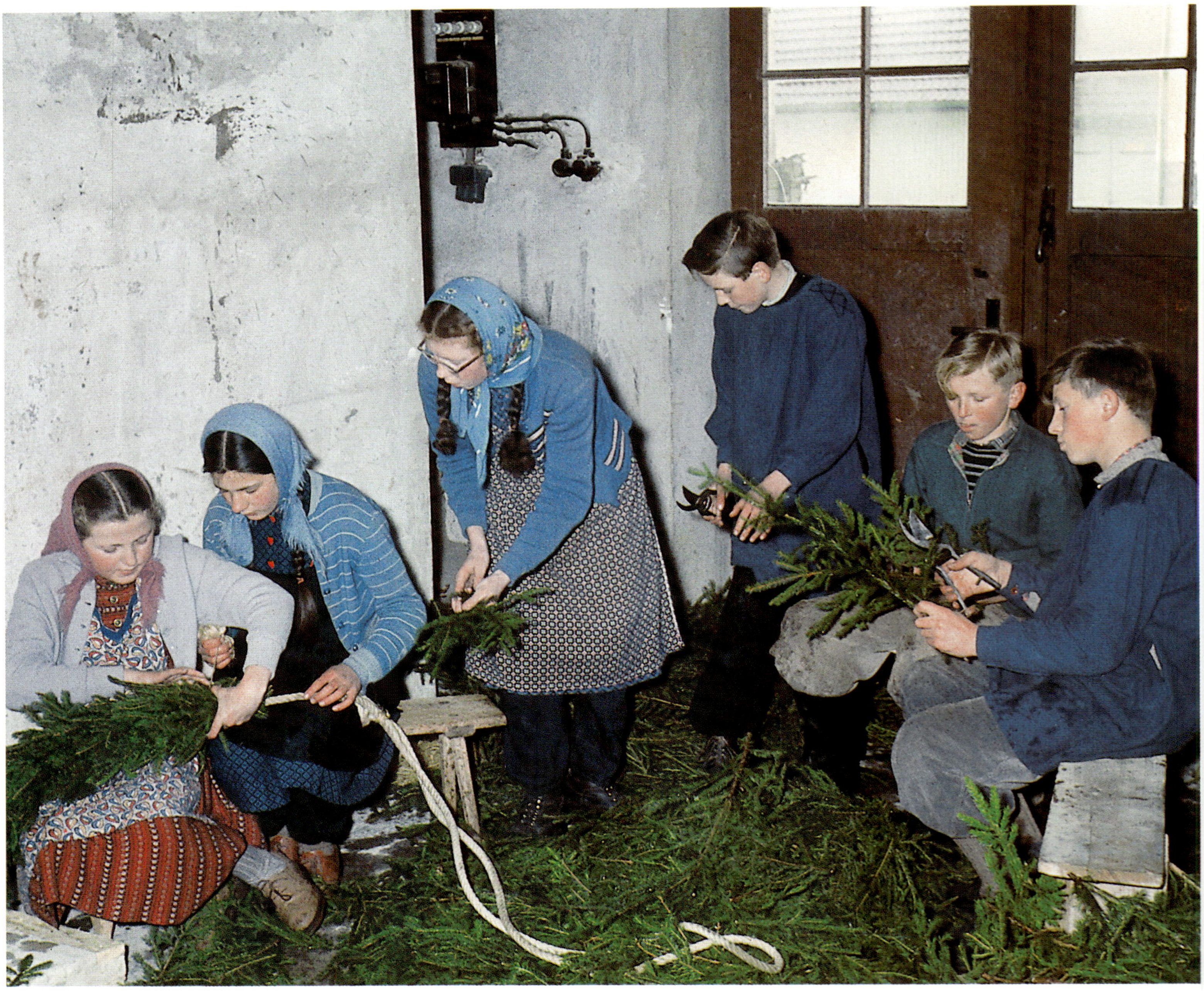

Außer dem Religionsunterricht besuchen die Buben und Mädchen der beiden letzten Schuljahre den Konfirmandenunterricht, den der Ortsgeistliche während der Wintermonate erteilt. Der Konfirmationssonntag liegt vor Ostern. Den Winter über haben die Konfirmanden Schmuck aus weißem und farbigem Kreppapier für ihren Festtag angefertigt (vgl. das Buch: „Kindheit auf dem Lande“ Seite 58). Wenn dieser Tag naht, holen die Buben im Wald Fichtenreisig und kleine Fichten. Letztere stellen sie an die Kircheneingänge und verzieren sie mit farbigen Bändern. Das Kircheninnere schmücken Büschel von Fichtenzweigen und ein Bogen aus Immergrün, alles mit den Papierrosen bestückt. Auf dem Bild winden die Mädchen die Girlanden zum Schmuck des Pfarrhauses, die Buben schneiden das Reisig klein.

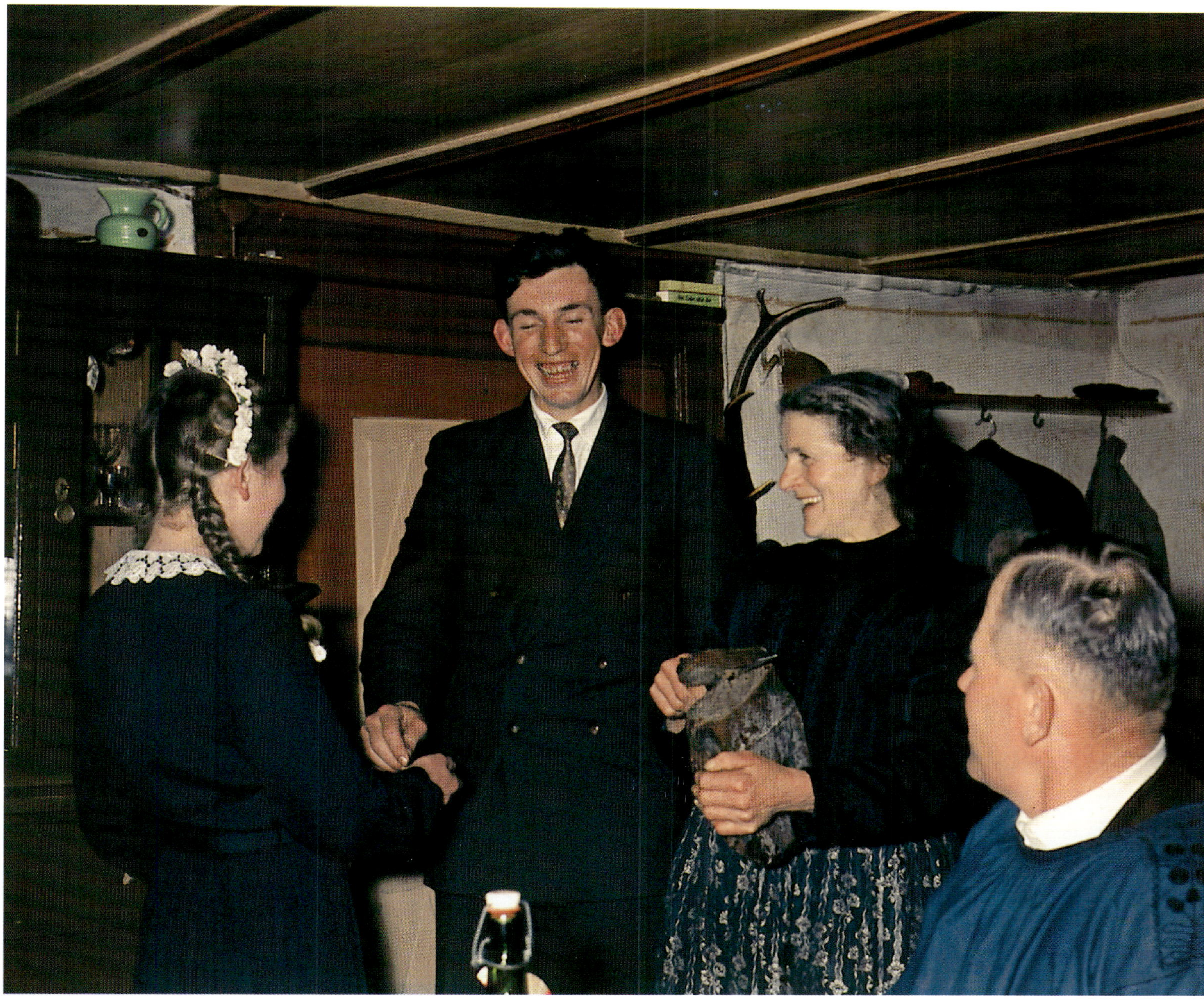

Zur Konfirmation erhalten die angehenden Jugendlichen allerlei Geschenke, bei deren Wahl die Möglichkeit zur praktischen Verwendung ausschlaggebend ist. Von einem der Paten oder Doten stammt meist das neue Gesangbuch, vom anderen vielleicht eine Uhr. Weitere nützliche Dinge kommen hinzu von den Eltern und anderen Verwandten. Über deren Kreis hinaus zeigen sich aber auch noch Nachbarn und in die „Freundschaft" zählende Leute erkenntlich, indem sie am Abend des Konfirmationssonntags den Konfirmierten ein kleines Geldgeschenk ins Haus schicken. Auf dem Bild nimmt die Konfirmandin ein solches Geschenk entgegen, die Mutter revanchiert sich mit einer Scheibe des Schnitzbrotes, der Vater hat den Kirchenrock bereits mit dem Blauhemd vertauscht.

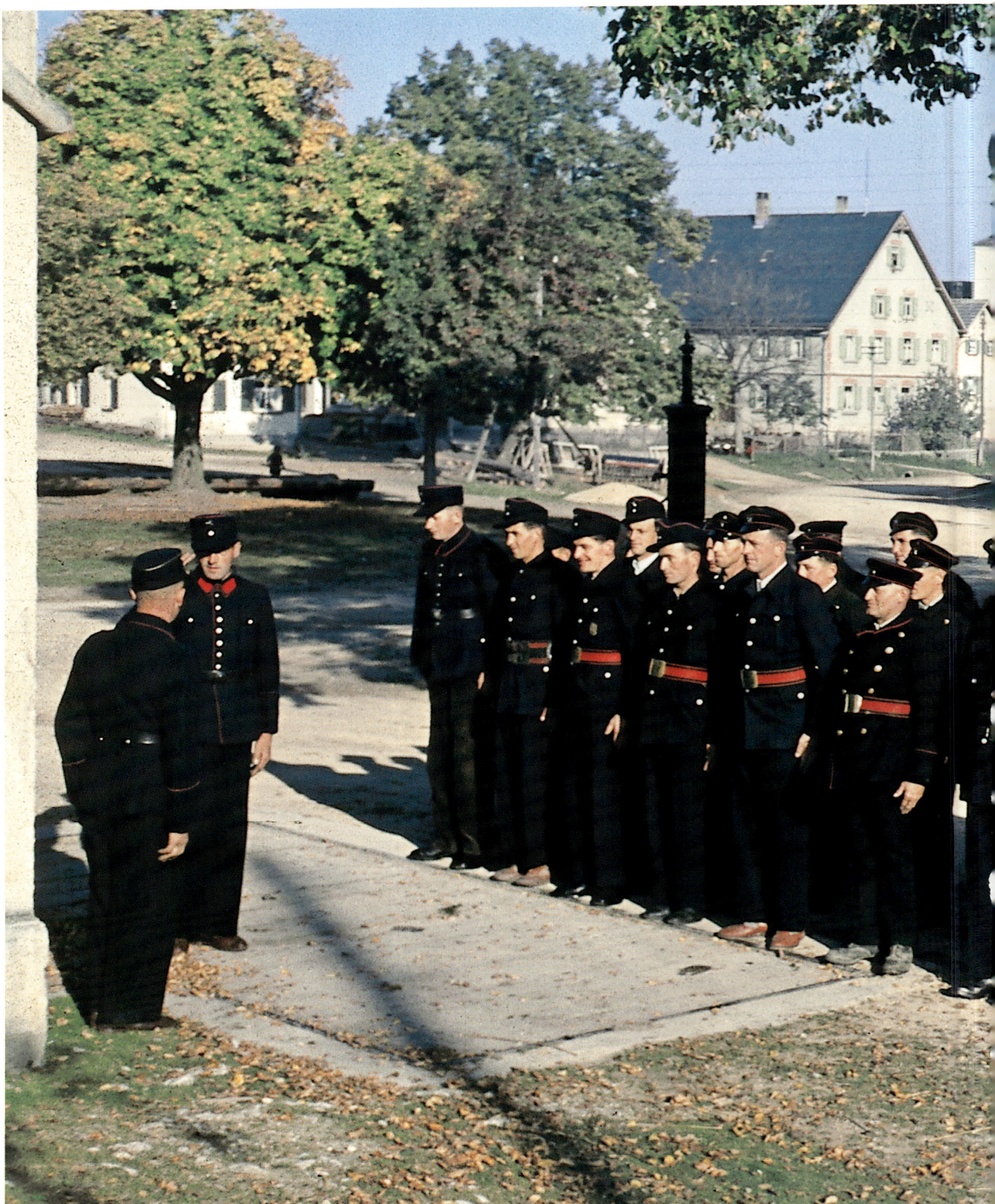

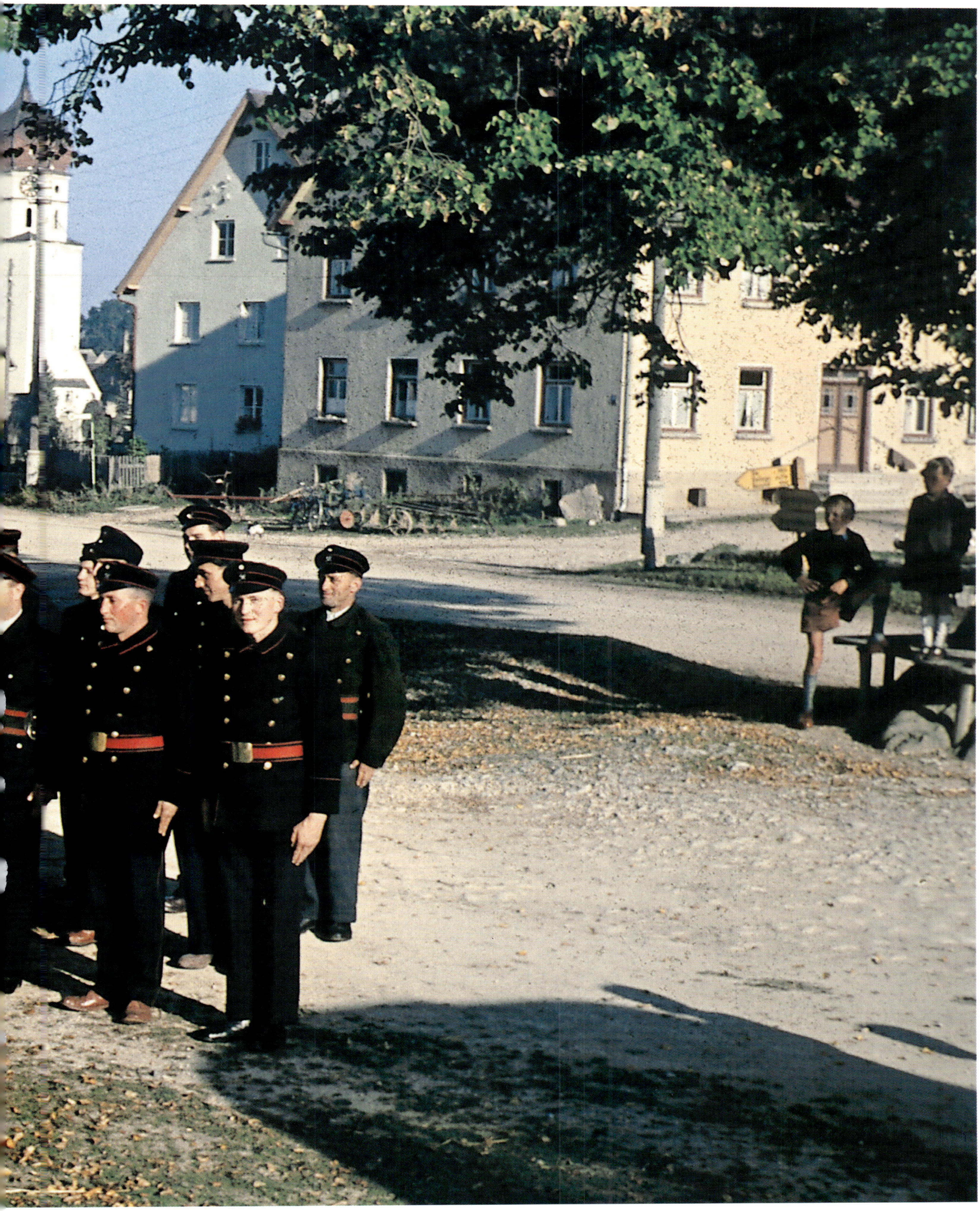

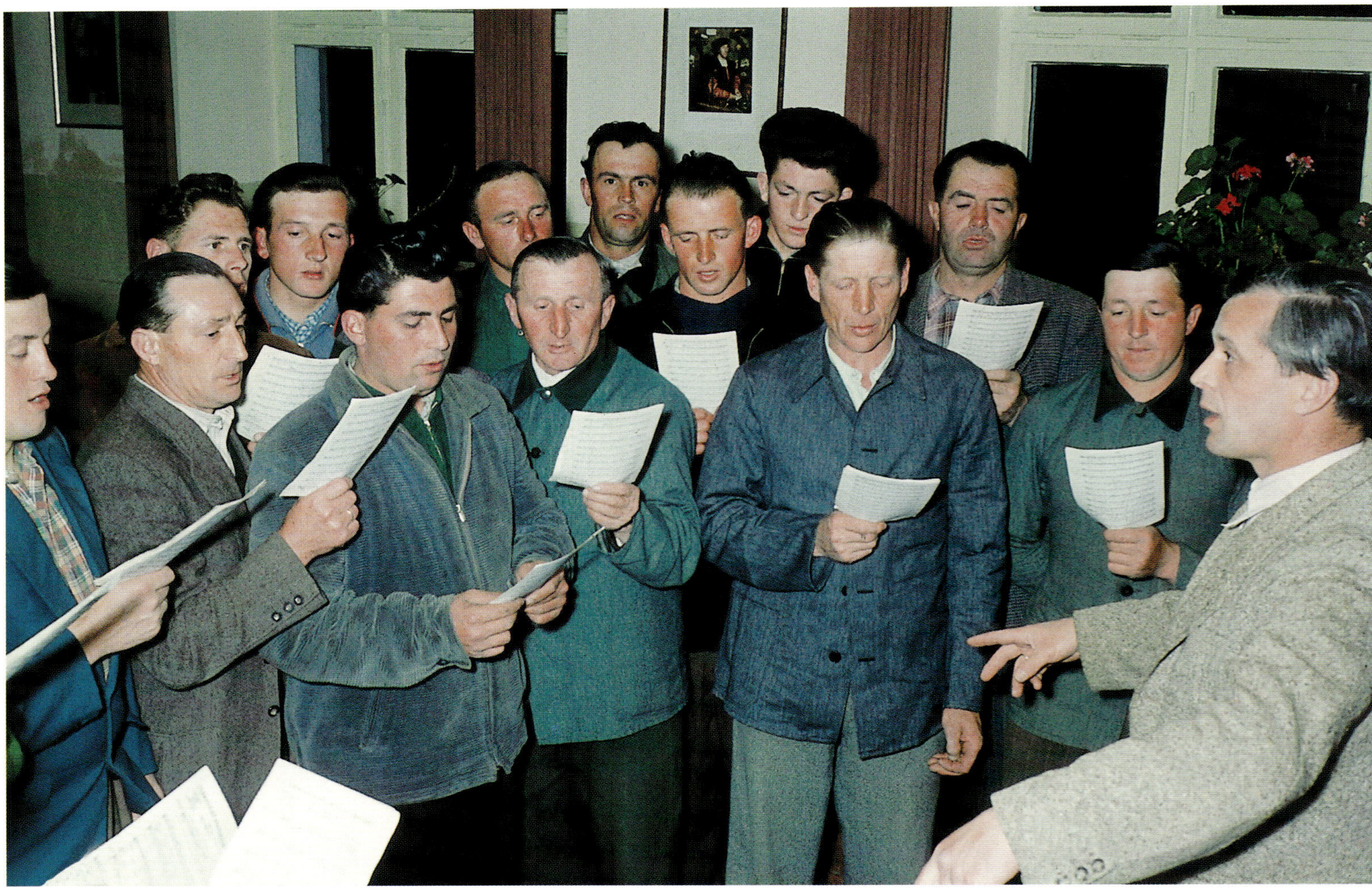

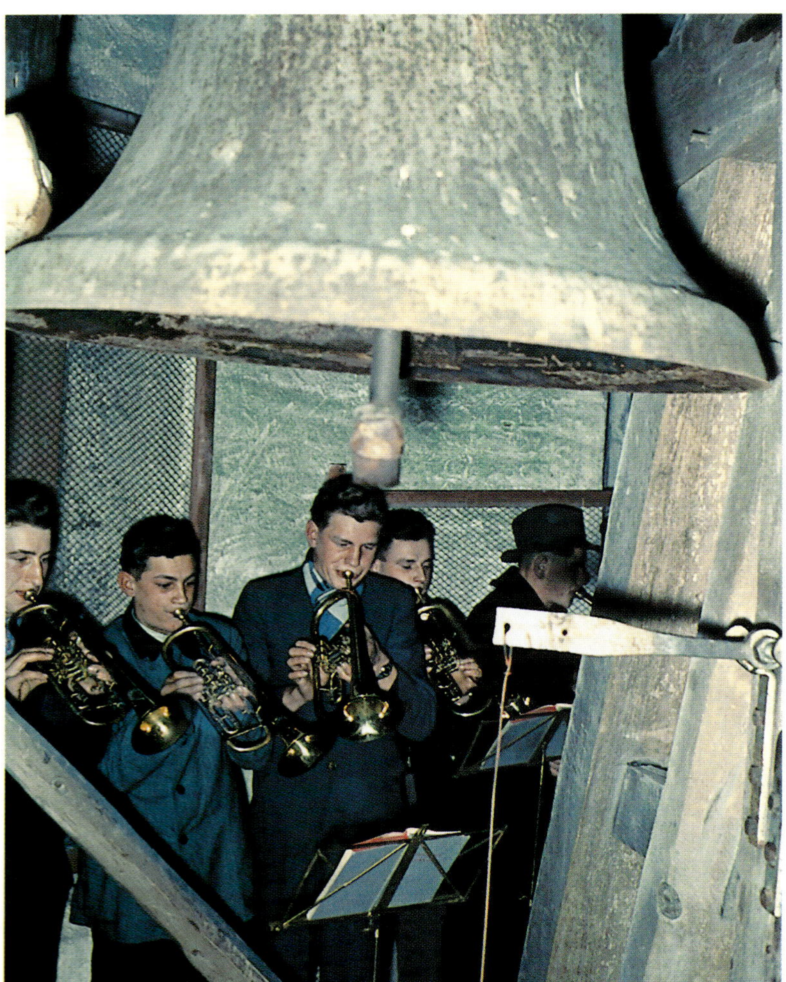

Foto Seite 48/49: Seit der zweiten Hälfte des vergangenen Jahrhunderts ist die freiwillige Feuerwehr des Dorfes neu organisiert. Einmal im Monat werden die Männer am Sonntagmorgen zum Dienst gerufen, zu einer Übung mit der Tragkraftspritze und der fahrbaren Ausziehleiter. Auf dem Bild meldet der Stellvertreter dem Kommandanten die angetretene Wehr. Die Zeit des Dienstes ist so angesetzt, daß es danach noch zum Kirchgang reicht. Auf dem Boden sieht man die dort eingelassene Waage für schwere Lasten wie Wagen oder Großvieh. Die Bedienung erfolgt vom angrenzenden Feuerwehrmagazin aus.
Hinter den Männern ist die gußeiserne Säule des öffentlichen Brunnens zu sehen, der an den Anschluß des Dorfes an das segensreiche Werk der Alb-Wasserversorgung im Jahr 1881 erinnert.

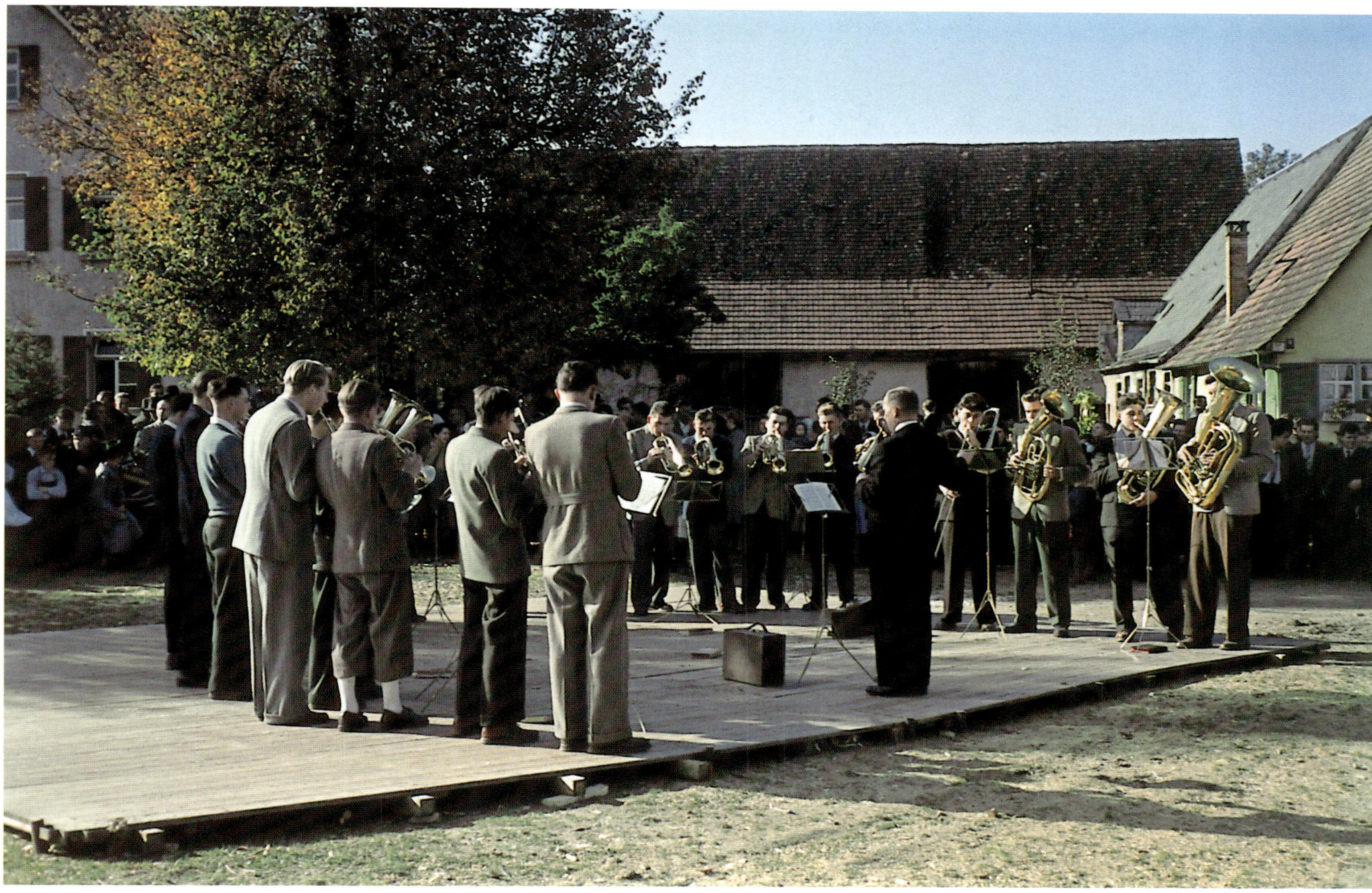

Foto Seite 50 oben: Zu den Vereinen des Dorfes zählt der Gesangverein. Er hat unter den örtlichen Vereinigungen sogar das höchste Alter, das bis in das vergangene Jahrhundert zurückreicht. Während des Winterhalbjahres finden die Singabende allwöchentlich statt, im Sommer nur vor bestimmten Anlässen, wie zum Beispiel der Teilnahme an Sängerfesten. Die Leitung des Chores liegt meistens in den Händen des ständigen Lehrers. Deshalb treffen sich die Sänger zu ihren Übungsabenden auch immer im Schulhaus.

Foto links: Der vom Ortsgeistlichen gegründete Posaunenchor hält seine Übungsabende im Pfarrhaus ab. Das Bild entstand anläßlich eines Turmblasens in der Silvesternacht. Im Glockenstuhl stehend, blasen die Burschen geistliche Weisen zum Abschied des alten und zum Empfang des neuen Jahres.

Foto oben: Der ungewöhnlich große Dorfplatz bietet sich zu Veranstaltungen verschiedener Art an. Was lag näher, als hier auch den Beginn einer „Ländlichen Volksbildungswoche" im Oktober 1955 zu begehen. Da waren alle dorfeigenen Kräfte zur Mitwirkung gebeten. Unter der Leitung des Pfarrers spielte der Posaunenchor volkstümliche Weisen für die Zuhörer aus dem Dorf und seiner Umgebung.

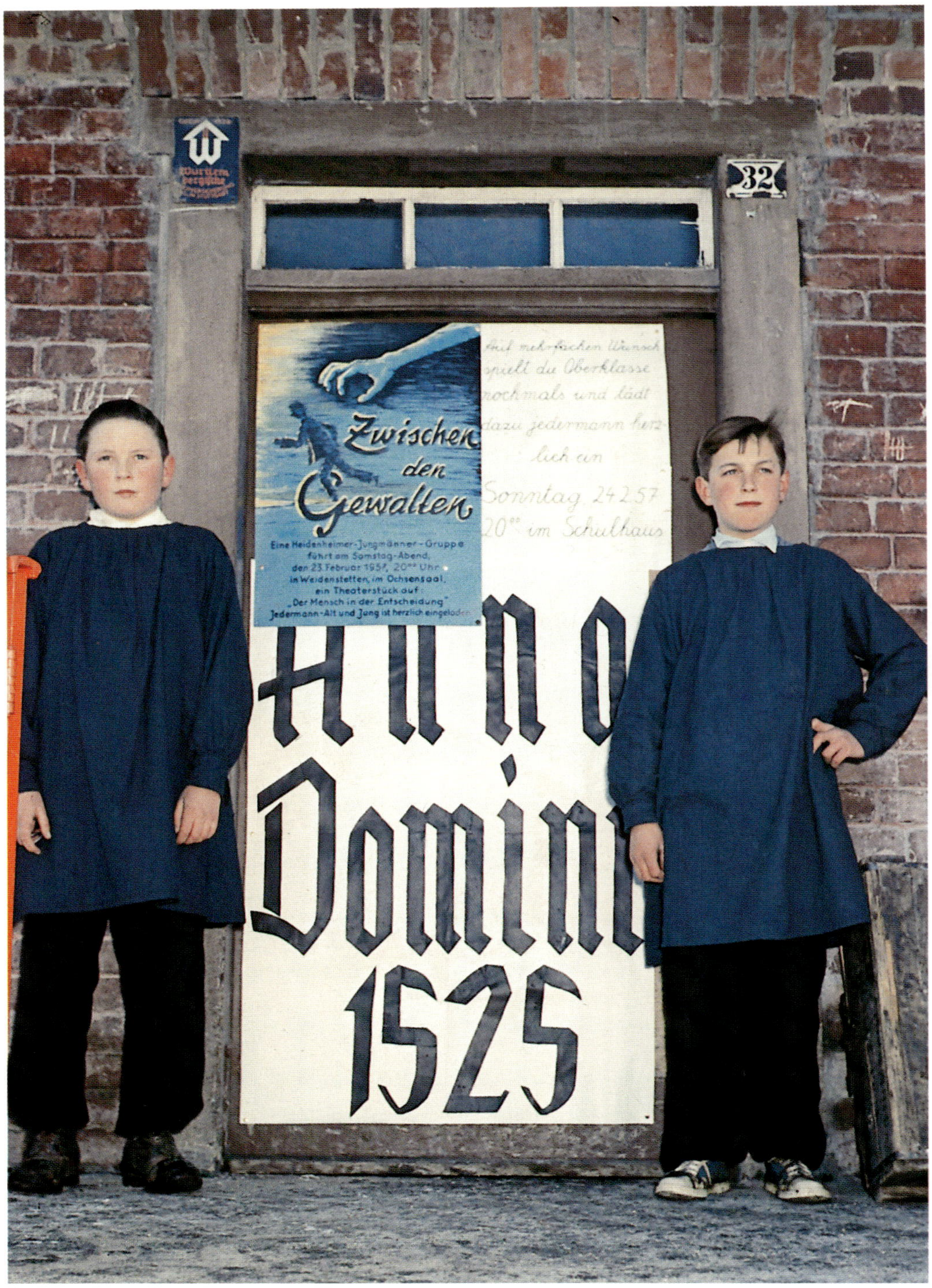

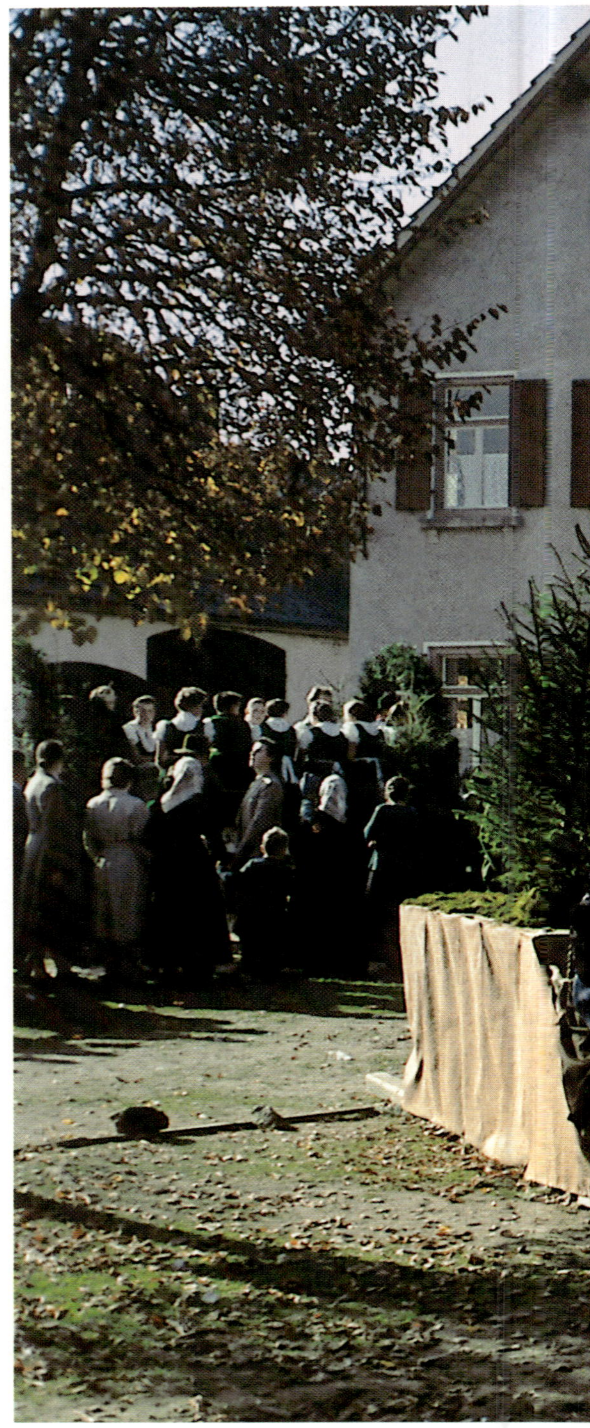

Foto links: Das Jahr 1525 reihte sich durch den Bauernkrieg in die Annalen der Geschichte ein. Die Buben und Mädchen der Oberklasse haben sich ein Schulspiel ausgesucht und eingeübt, das sich mit dem denkwürdigen Schicksal von Bauern und dem ihres Grundherren in jener Zeit befaßt. Im Mittelpunkt steht eine Frau, die den allgemeinen Weg der Rache und Vergeltung nicht mitgeht. Zwecks der Einladung zu den Spielterminen im Schulhaus haben einige der Schüler mit Hilfe alter Plakate ein neues angefertigt und es an der Tür der Molke angeschlagen. Dabei sieht man, daß es dort auch Konkurrenz gibt.

Foto rechts: Von der „ländlichen Volksbildungswoche“ und von den

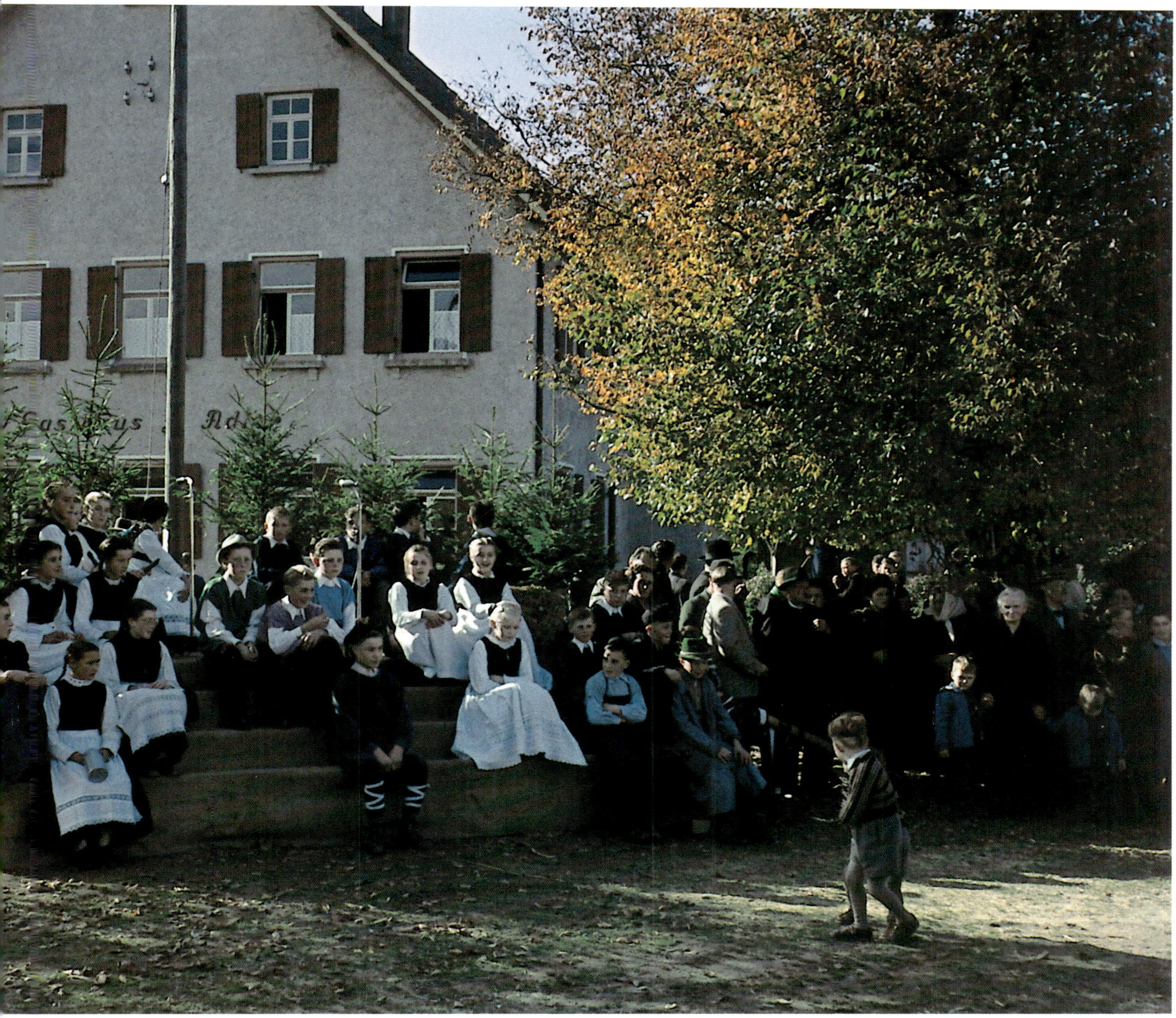

dorfeigenen Kräften, die den Auftakt gestalteten, war schon die Rede. Natürlich war auch die Schule zur Mitwirkung gefordert. Sie beteiligte sich mit der Aufführung des in das ländliche Milieu passenden Feierspiels „Das Erbe“ von Margarete Seidat. Die von den beiden Lehrern hergestellte Schulbühne, sonst nur zur Benutzung in den Klassenzimmern gedacht, tat auch im Freien ihre guten Dienste. Wichtig bei solchen Aufführungen war das Einbeziehen aller Schüler in das Spiel, niemand war ausgeschlossen. Und das Wetter spielte auch gut mit.

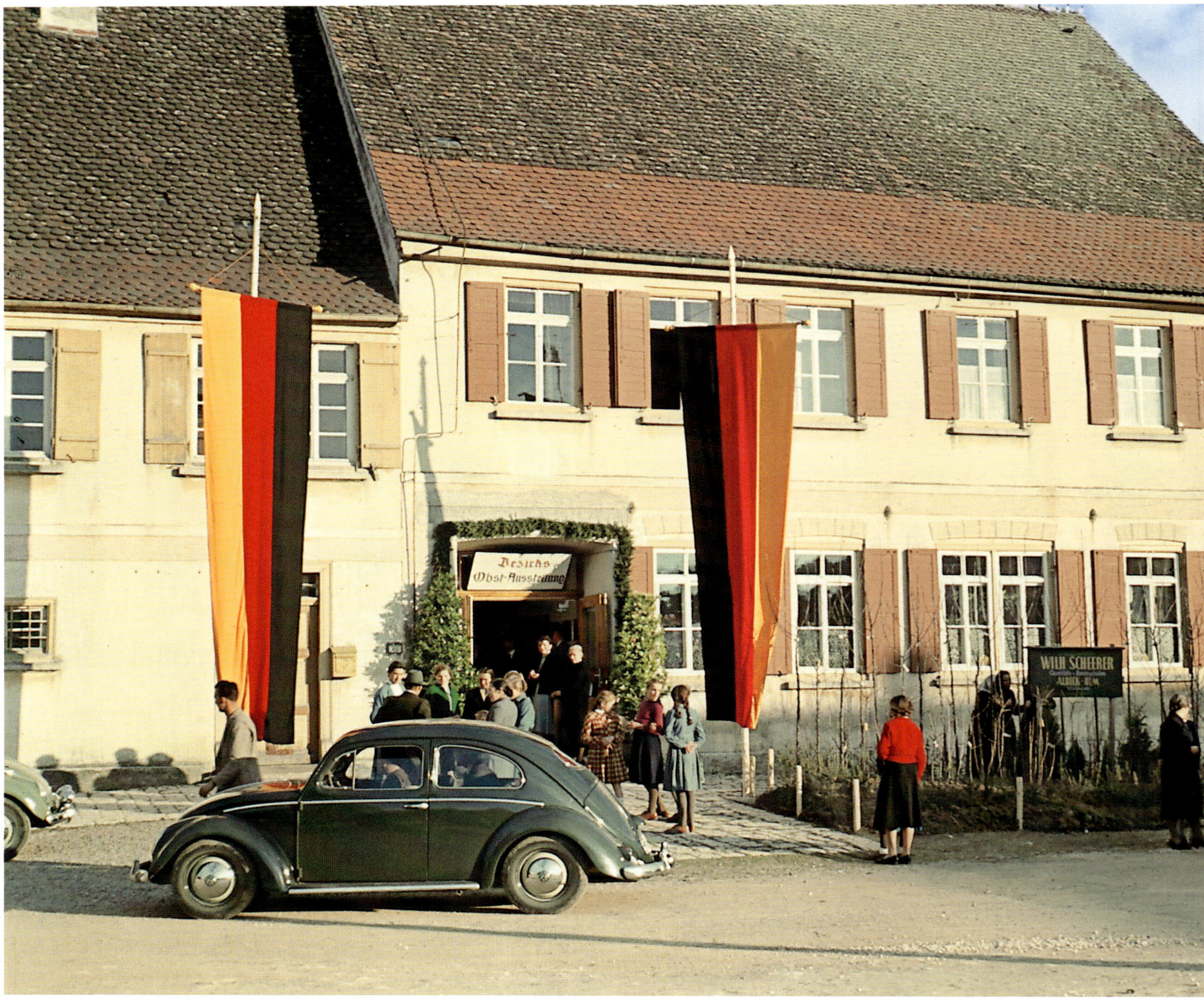

Im Mittelpunkt der „Ländlichen Volksbildungswoche“ stand die von der Obstbauberatungsstelle des Landkreises initiierte Bezirksobstbau-Lehrschau in den Lokalen der Ober- und Unterklasse. Daher ließ man diese Veranstaltung in die Herbstferien fallen. Vor dem Schulhaus empfahl eine auswärtige Qualitätsbaumschule ihre Ware durch eine improvisierte Pflanzung, und in den Schulräumen waren alle Sorten einheimischen Obstes zu sehen neben den einschlägigen Werkzeugen für den Obstbau und neben einem Vogelschutzgehege.

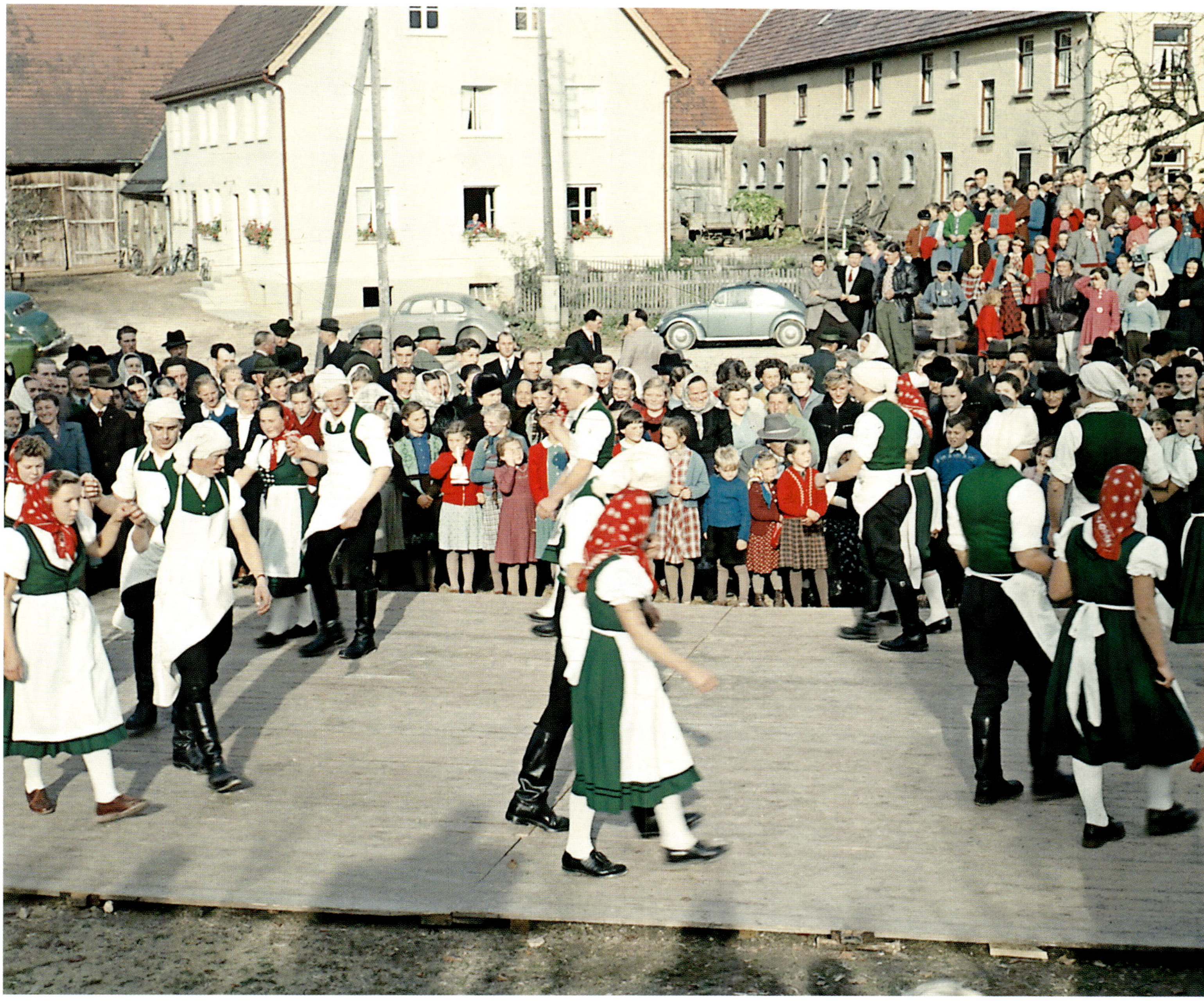

Zu den Klängen eines Akkordeons unterhielt die Landjugendgruppe des Nachbardorfes die Zuschauer mit dem Mühlentanz. Schon vorher hatten sich die gleichen Burschen und Mädchen den Beifall des Publikums durch die Aufführung des Bändertanzes erworben. Mit einer Reihe von Festwagen waren andere Gruppen der Landjugend am vorangegangenen Umzug beteiligt.

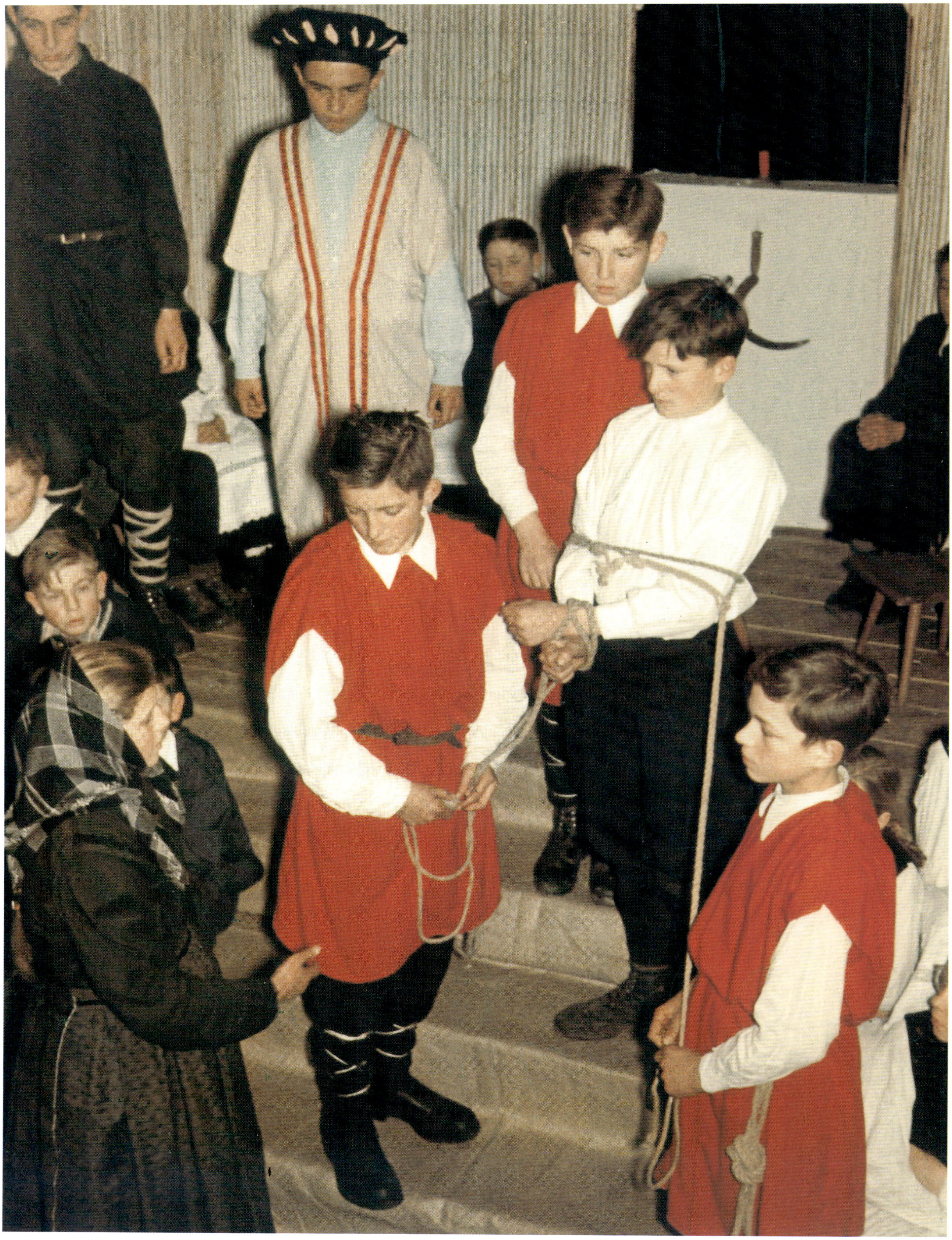

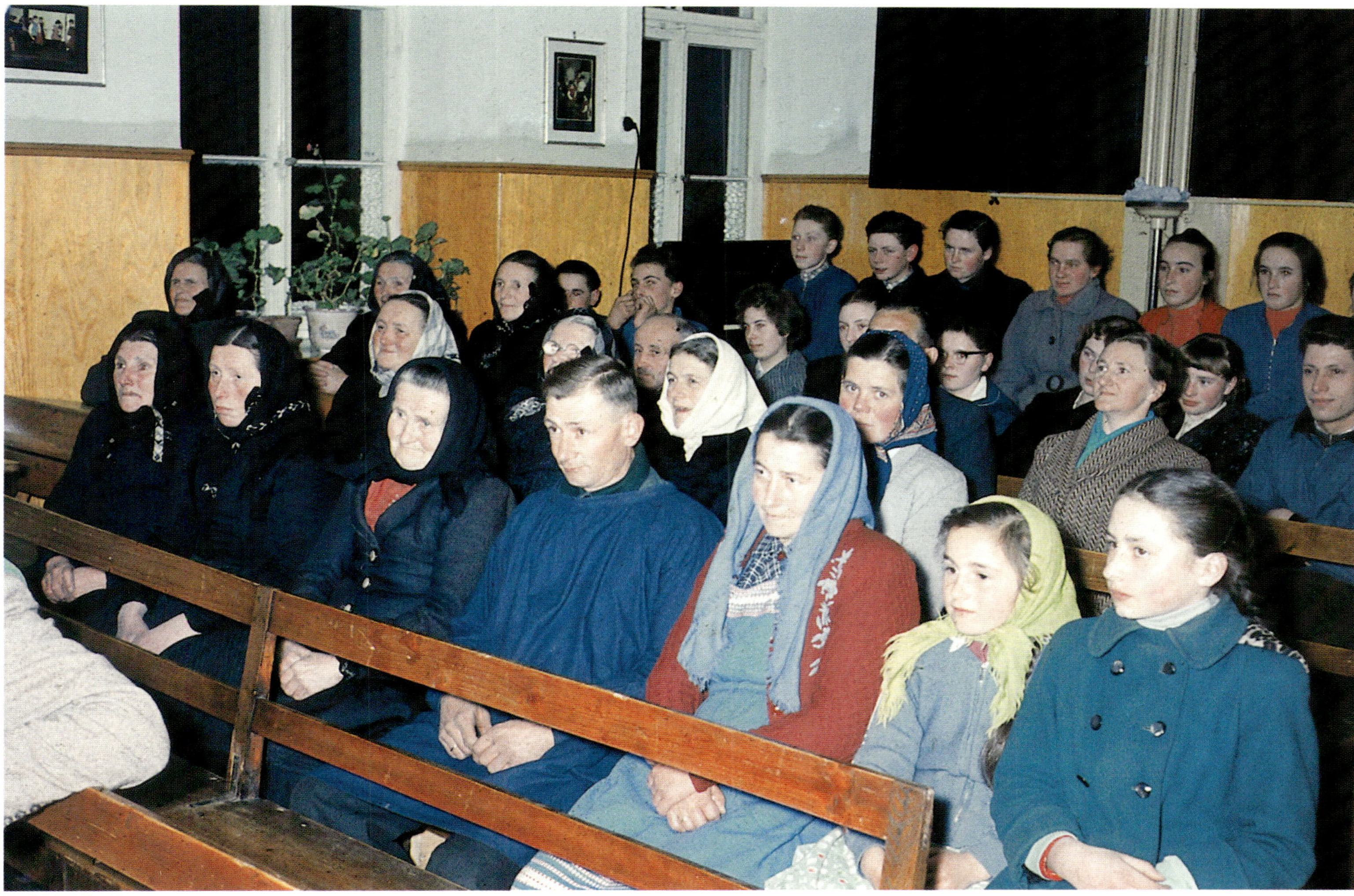

Foto links: Von dem gut gelungenen Beispiel eines Schulspiels beim Abschluß eines Schuljahres angeregt, verlangten die Oberkläßler solche Spiele auch in den folgenden Jahren. Um mit der damals auch auf den Schuljahrsabschluß fallenden Konfirmation nicht zusammenzustoßen, legte die Schule ihre Spieltermine bereits in den Februar. Das Bild zeigt einen Ausschnitt des Balladenspiels „Die Schnitterin" von Erich Colberg.
Ein Sohn hat sein Leben verwirkt. Von Häschern gefangen, steht er seiner Mutter gegenüber, die den Grafen als Gerichtsherren um Begnadigung anfleht. Der Graf will die Bitte erhören, wenn es der Mutter gelingt, das Korn von drei Äckern in einer Nacht mit der Sichel zu schneiden. Die Mutter macht sich ans Werk und vollbringt das Unmögliche. Das Leben des Sohnes ist gerettet, aber die Mutter findet man tot niedergesunken nach dem letzten Schnitt.

Foto oben: Auch wenn die Schulbühne im Klassenzimmer aufgebaut war, konnte der Unterricht normal weitergehen. Nur an den Spielabenden mußten die Schulbänke durch die aus dem Gemeindesaal im Pfarrhaus entliehenen Bänke ersetzt werden. Unter den Zuschauern waren alle Altersklassen vertreten. Das Bild entstand bei der letzten von mehreren Vorführungen.

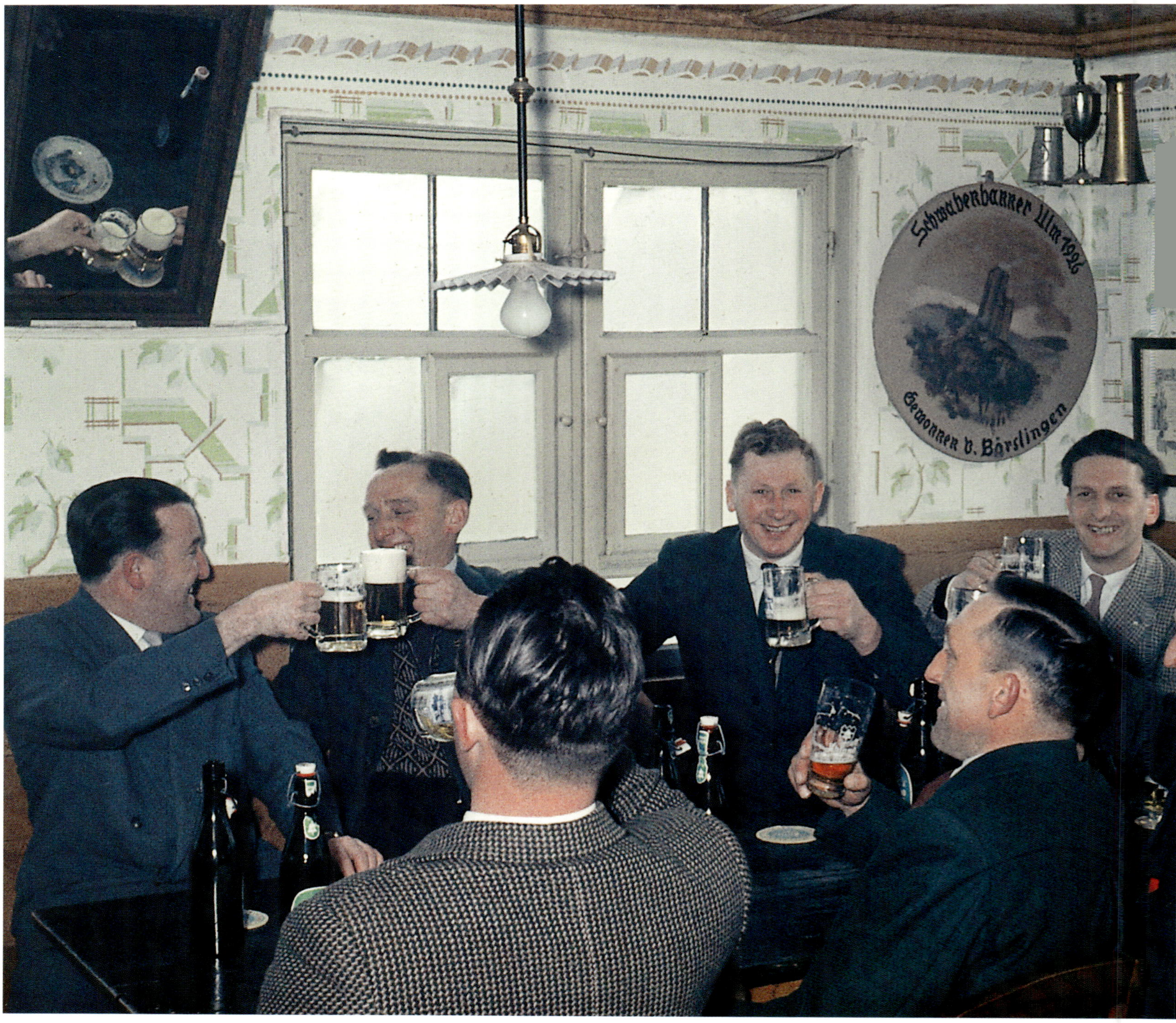

Foto oben: An einem kalten Sonntagnachmittag mitten im Winter hat eine Wanderung die Sänger des Männerchors zum Besuch in eine kleine Nachbarortschaft geführt. Mitten im Dorf erhielten die Bewohner ein Ständchen als Zeichen guter Nachbarschaft. Dann aber ging es zum gemütlichen Teil im Wirtshaus über.

Foto Seite 59 oben: Allmonatlich lädt die Molkereigenossenschaft ihre Mitglieder zur Auszahlung des Milchgeldes in eine der Gastwirtschaften des Dorfes ein. Der Rechner der Darlehenskasse händigt den angefallenen Betrag aus. Der Vorsitzende, im Bild durch den Rechner nahezu ganz verdeckt, schaut prüfend zu und wird dabei unterstützt vom Rechner der Genossenschaft, der ihm gegenüber sitzt, am rechten Bildrand noch angeschnitten.

Foto Seite 59 unten: Die Kameradschaft, das sind Burschen, die ihre Lehrjahre hinter sich haben, sitzt beim Kartenspiel in einer Bauernstube. Mit solchen Treffen füllen sie einen Teil der Abende während der Winterzeit.

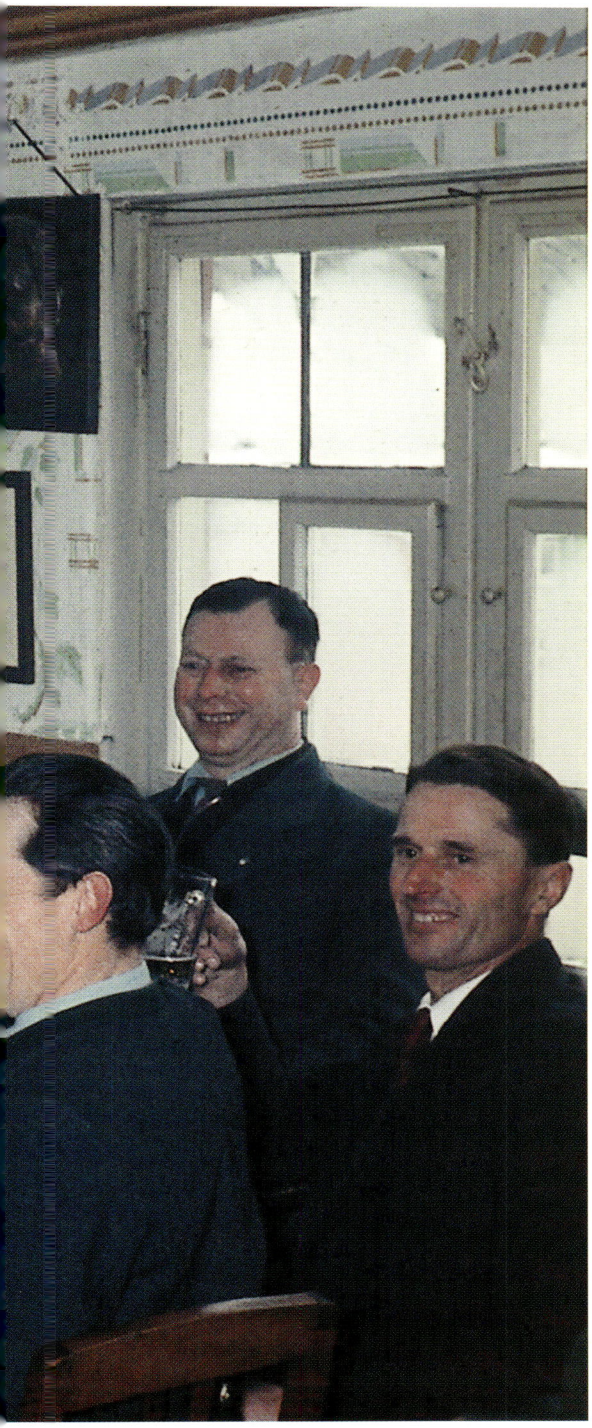
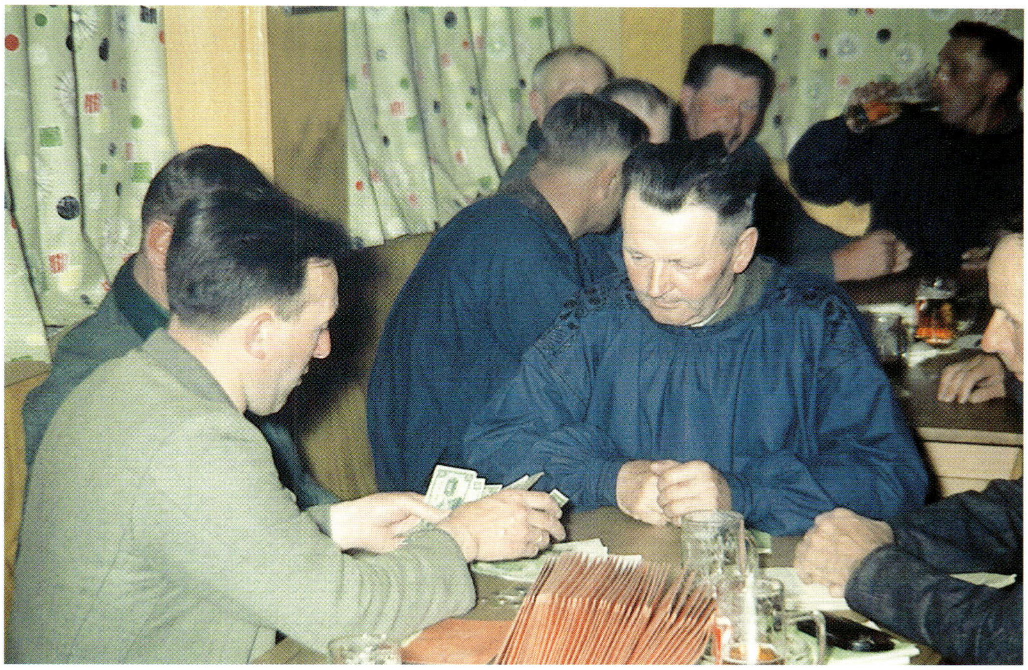
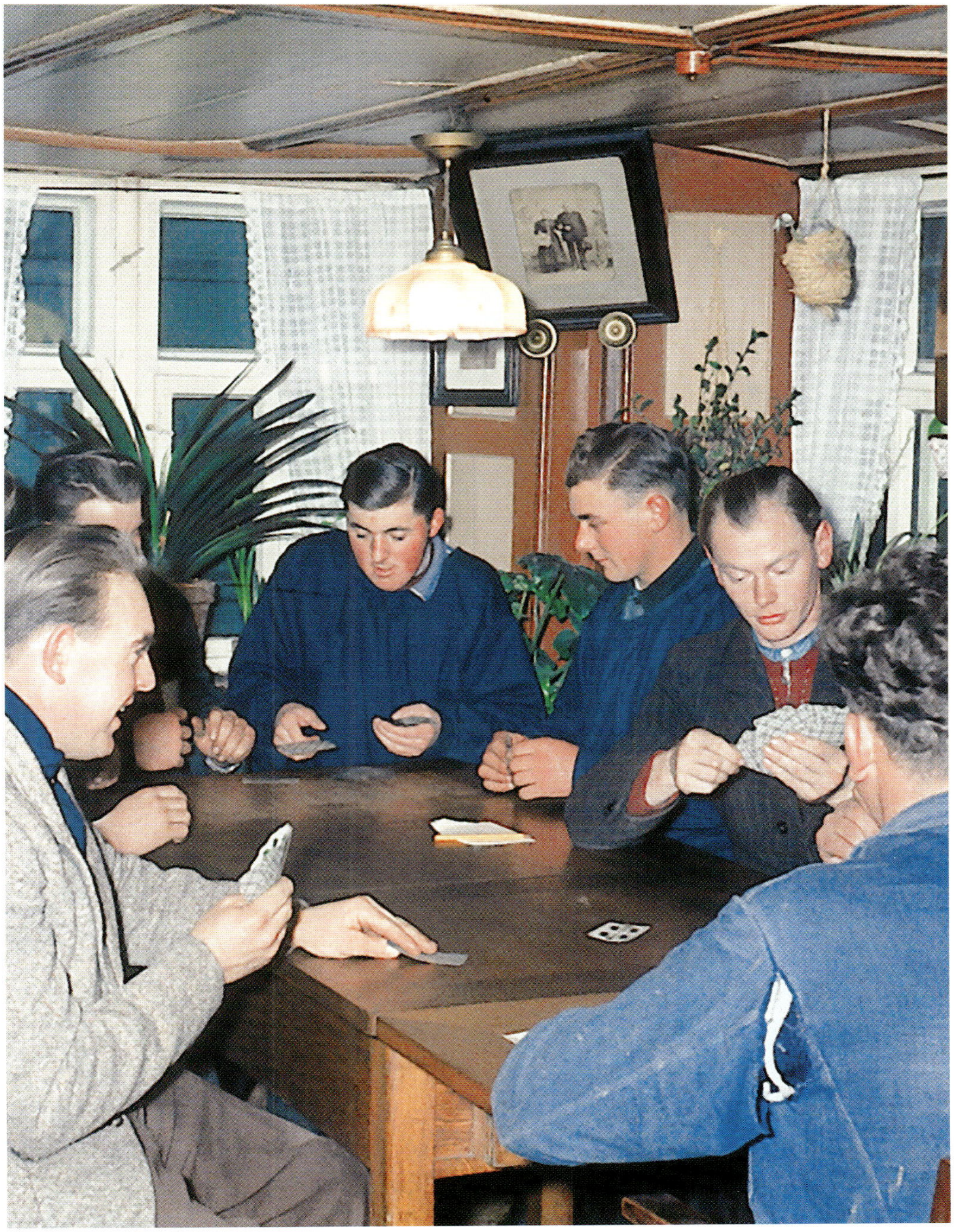

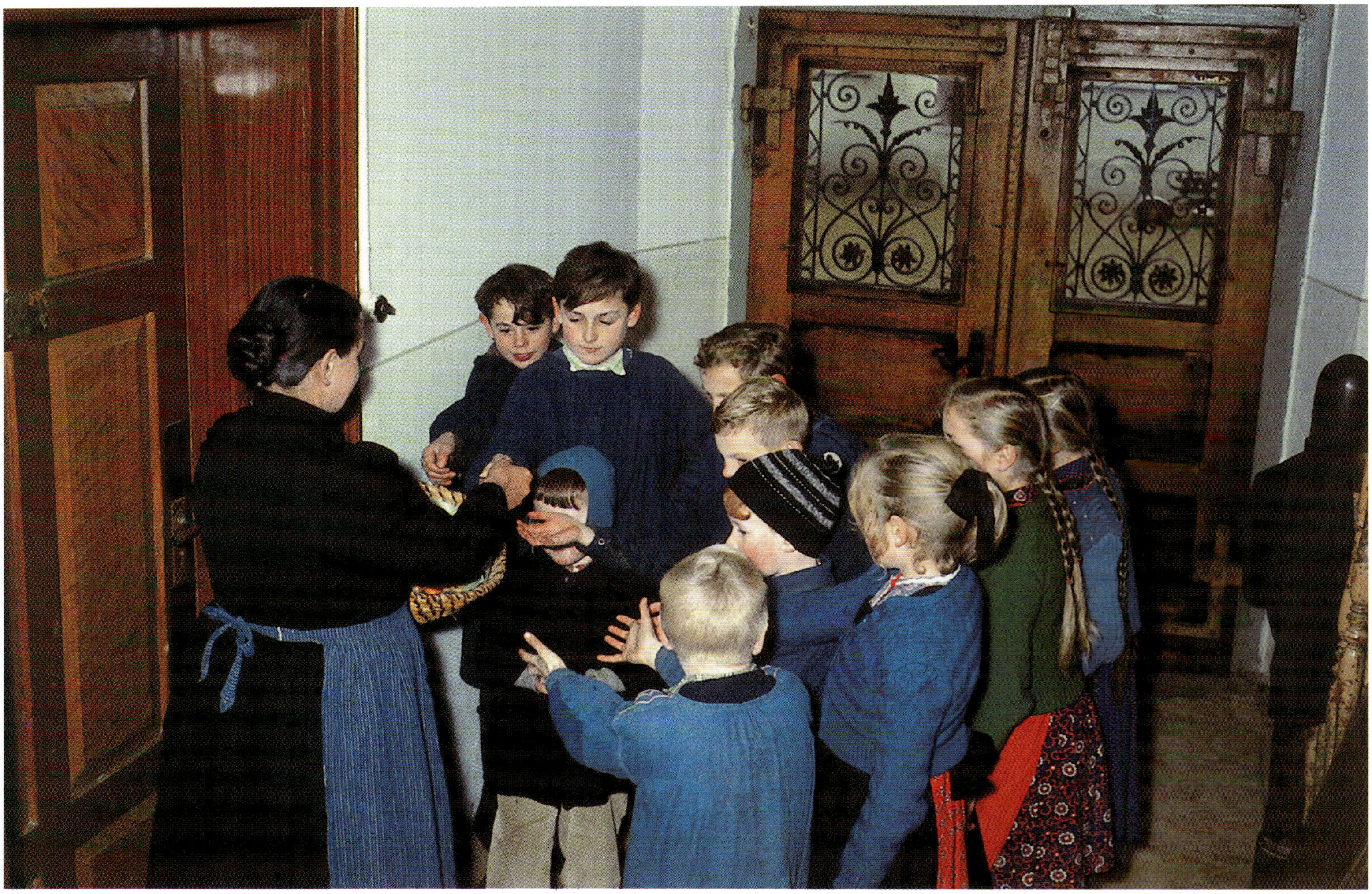

Foto oben: „Das ganze Dorf abklopfen" oder „Alle Häuser abklopfen"! Diese Redensarten, heute kaum noch zu hören, gehen auf den Brauch des „Klopfens" oder „Anklopfens" zurück. Dieser Brauch spielte sich ursprünglich an den drei Donnerstagen vor Weihnachten ab, beschränkte sich dann aber nur noch auf den mittleren dieser drei Tage. Dabei ziehen Kinder von Haus zu Haus und sagen Heischeverse auf (vgl. Buch: „Kindheit" S. 31 - 33). Sie erhalten dann Weihnachtsbrötle, Äpfel und Nüsse.

Foto rechts: Ein Kinderschüler ist allein unterwegs zum „Klopfen". Von seiner Patentante (Dote) hat er bereits das Hefezöpfle im Korb, das als sicheres Geschenk dieses Tages gilt.

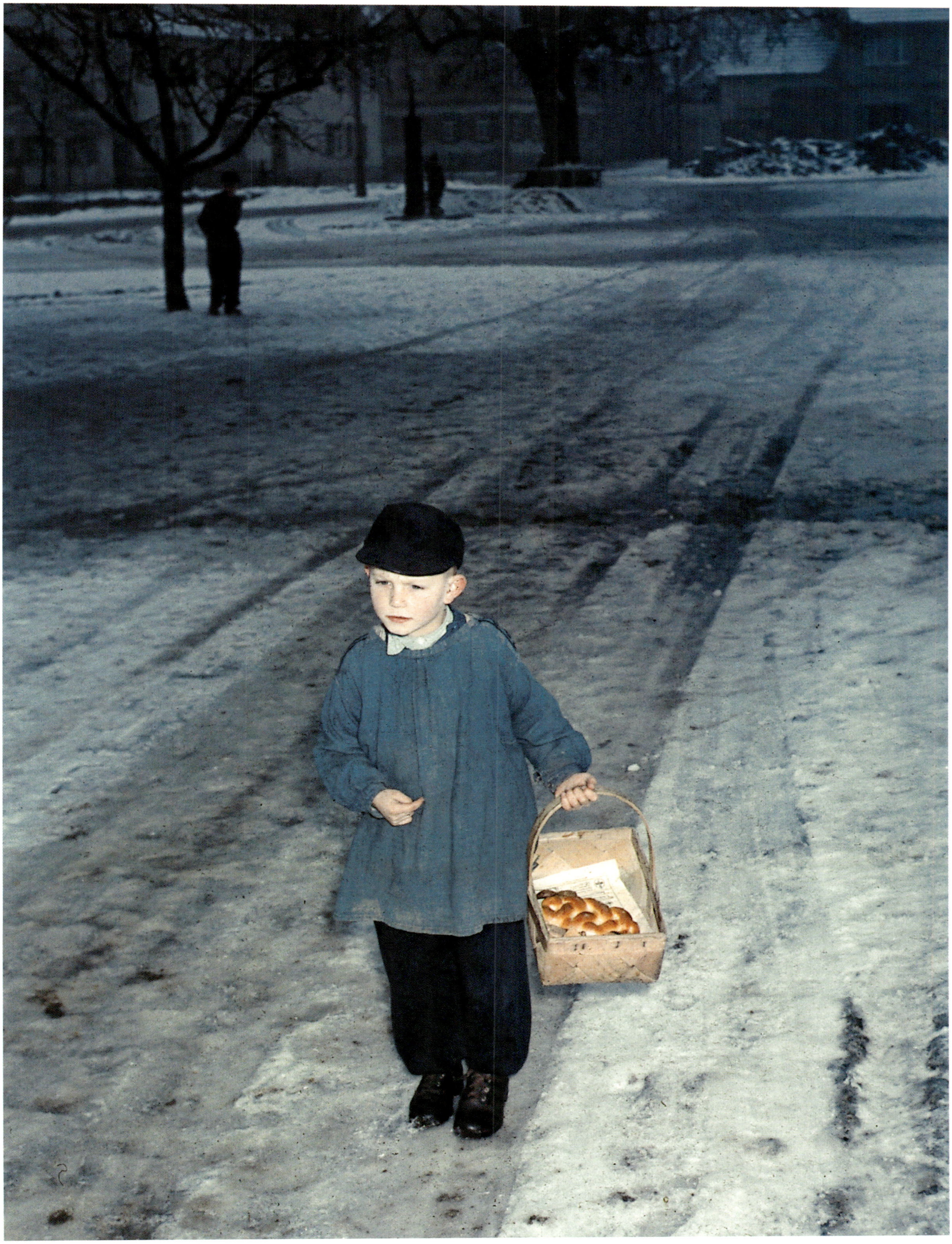

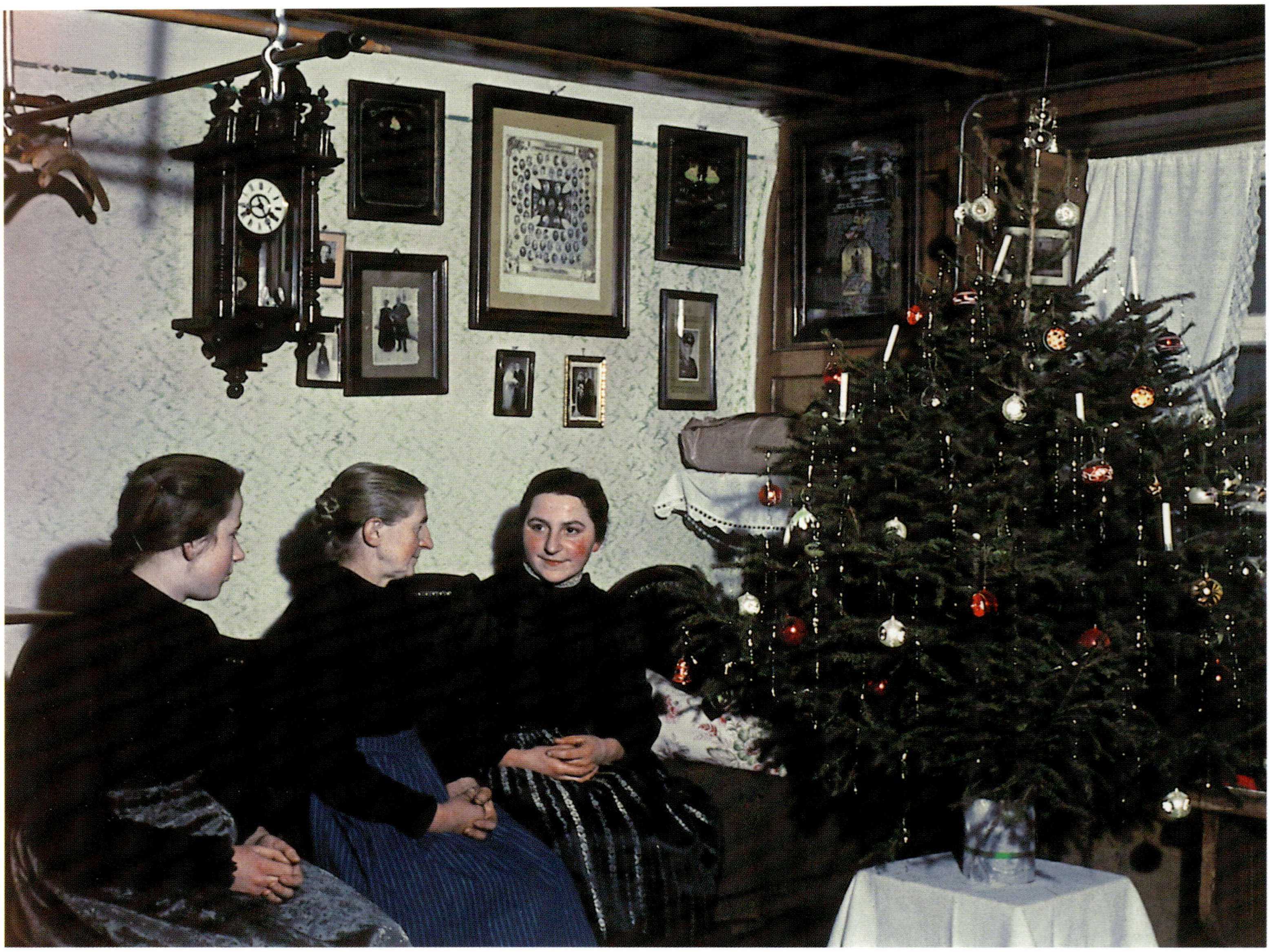

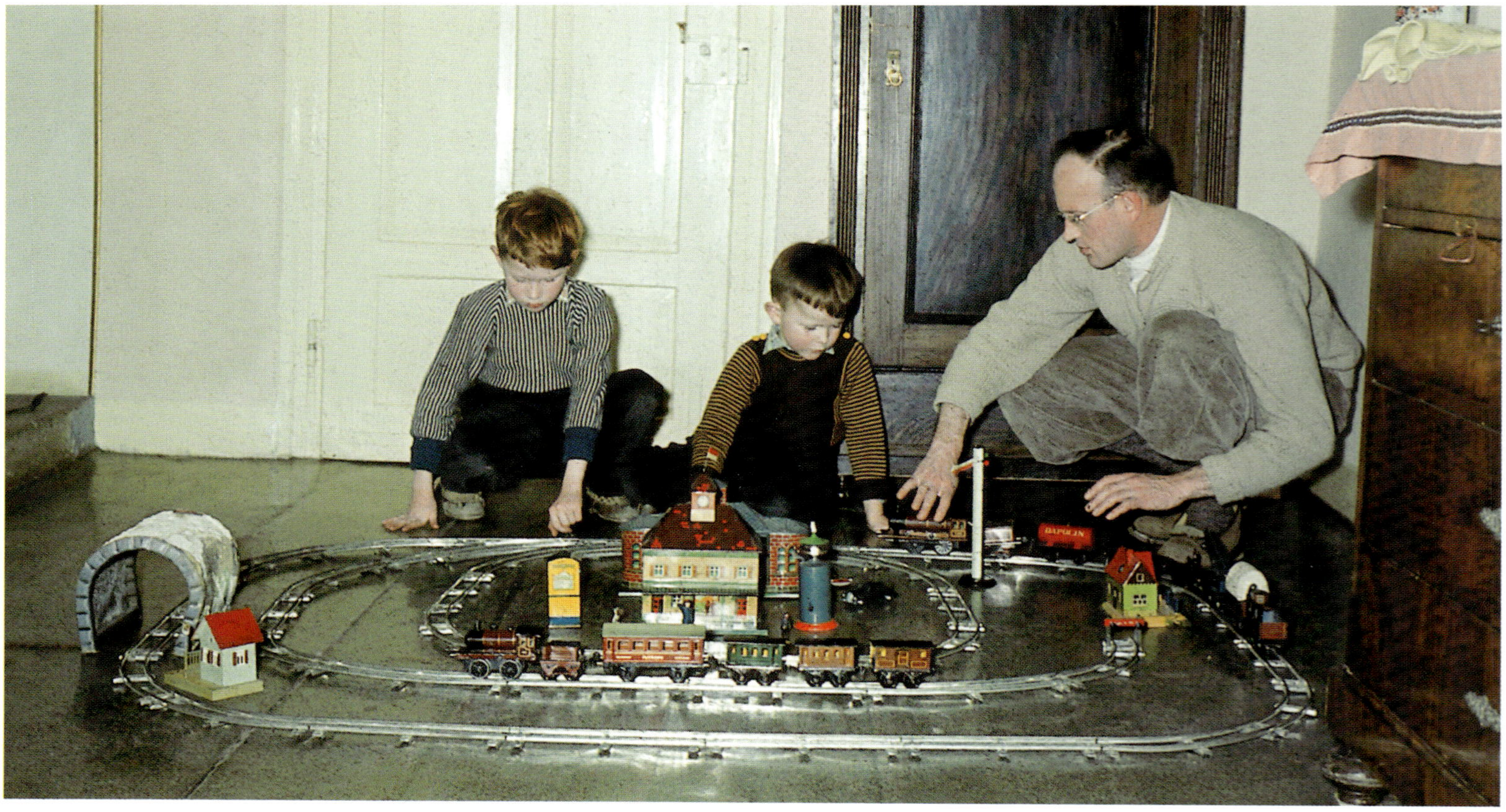

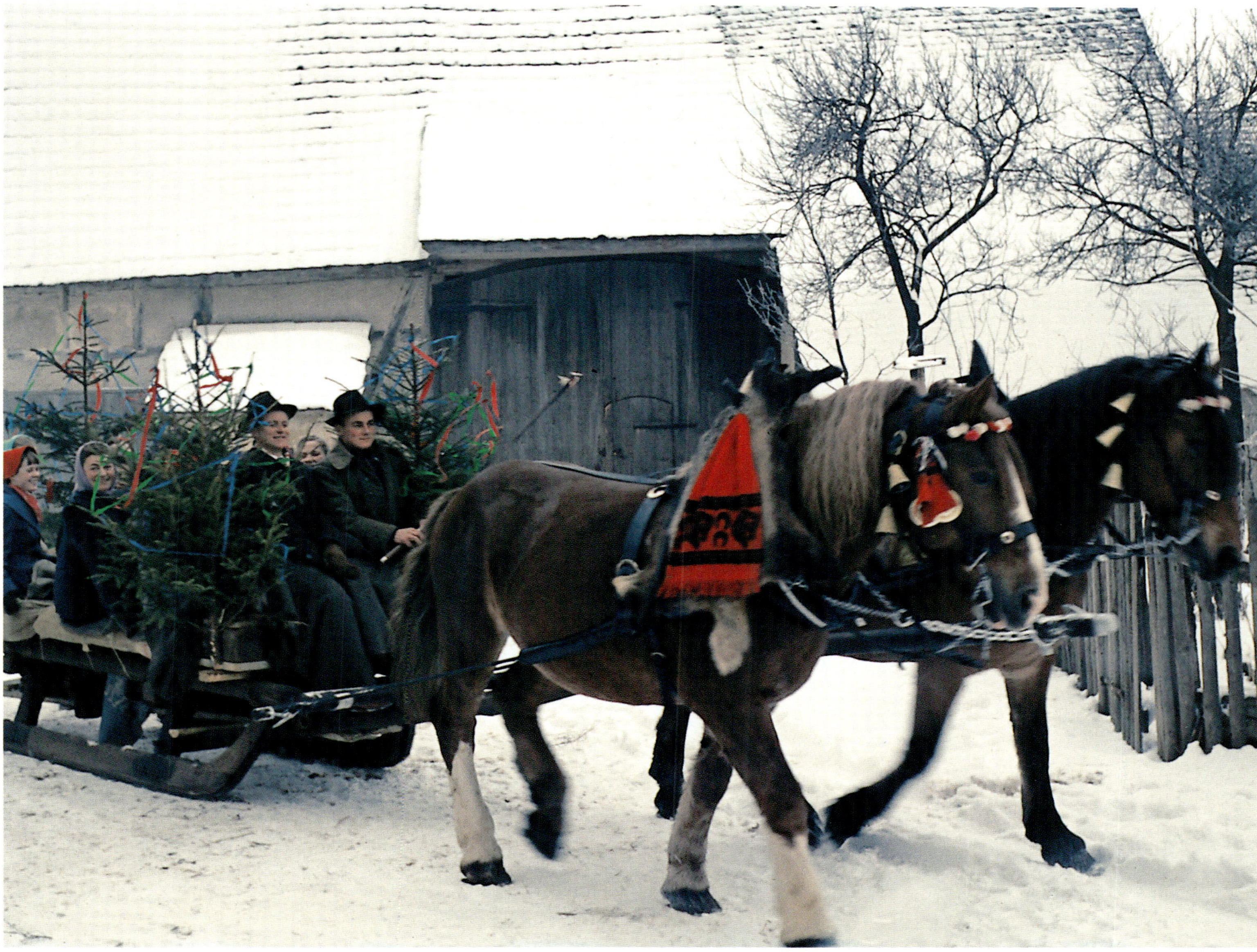

Foto links oben: Mutter und Töchter haben nach getaner Arbeit die Sonntagstrachten angelegt und in der Weihnachtsstube Platz genommen. Der Christbaum war noch zur Zeit des ersten Weltkriegs auf dem flachen Land nicht überall anzutreffen. Man begnügte sich dort mit Fichten- oder Tannenzweigen. Auf dem Bild aber erstrahlt ein geschmückter Baum in ganzer Pracht und will bewundert sein. Das staunende Betrachten bleibt den Besuchern überlassen, die man zwischen den Jahren aus dem Kreis der Verwandten und Freunde erwartet. Die Wand hinter den Frauen trennt die Stube von der Küche und ist die einzige ohne hölzerne Täfelung, weil gleich links außerhalb des Bildes der große Deutsche Ofen aus Gußeisen steht. Er wird von der Küche aus mit buchenen Scheiten geheizt. Ihn umgibt das Gerähme, von dem ein Teil links oben im Bild noch zu sehen ist. Dort wurden feuchte Kleider oder Wäschestücke zum Trocknen aufgehängt.

Foto links unten: Es gibt Spielsachen, mit denen sich die Kinder nur in der Weihnachtszeit vergnügen dürfen. Was auf dem Boden aufgebaut ist, stammt noch aus den Kindertagen des Vaters in den zwanziger Jahren. Hier führt er seinen Buben die Uhrwerk-Eisenbahn, Fabrikat Märklin, vor und macht sie mit dem Aufziehen der Lokomotiven vertraut. Damit ja keine Feder bricht!

Foto oben: Es liegt so viel Schnee, daß auch die großen Schlitten laufen. Diese Gelegenheit benützt der Pfarrer, um am Sonntagnachmittag mit dem Mädchenkreis eine Schlittenfahrt in eines der Nachbardörfer zu unternehmen. Der Fuhrmann, ein Jungbauer, hat aus dem Last- einen Personenschlitten gemacht und dem Handpferd das Dachsfell sowie den roten Schal als ortsüblichen Schmuck ans Kummet gehängt. Die Schellenriemen machen auf den leise laufenden Schlitten aufmerksam.

Von Eugen Sauter sind im Wartberg Verlag bereits drei Bände erschienen

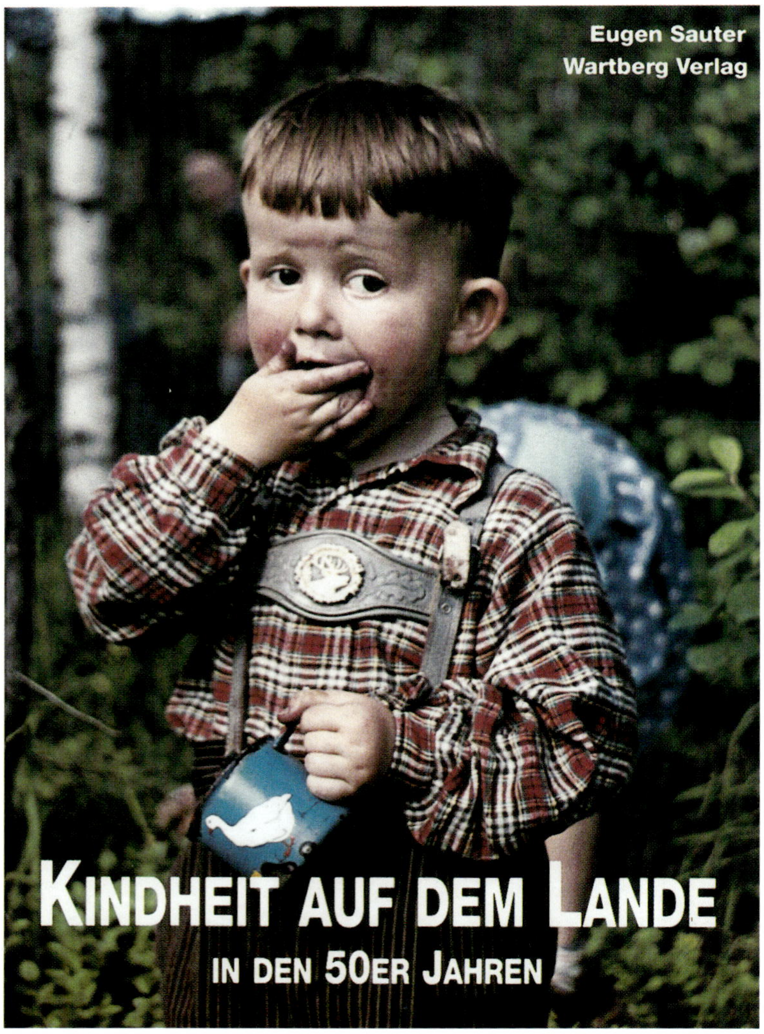

Kindheit auf dem Lande in den 50er Jahren
64 Seiten, Großformat 24,5 x 32,5 cm,
zahlr. Farbfotos, Festeinband
ISBN 3-86134-283-9

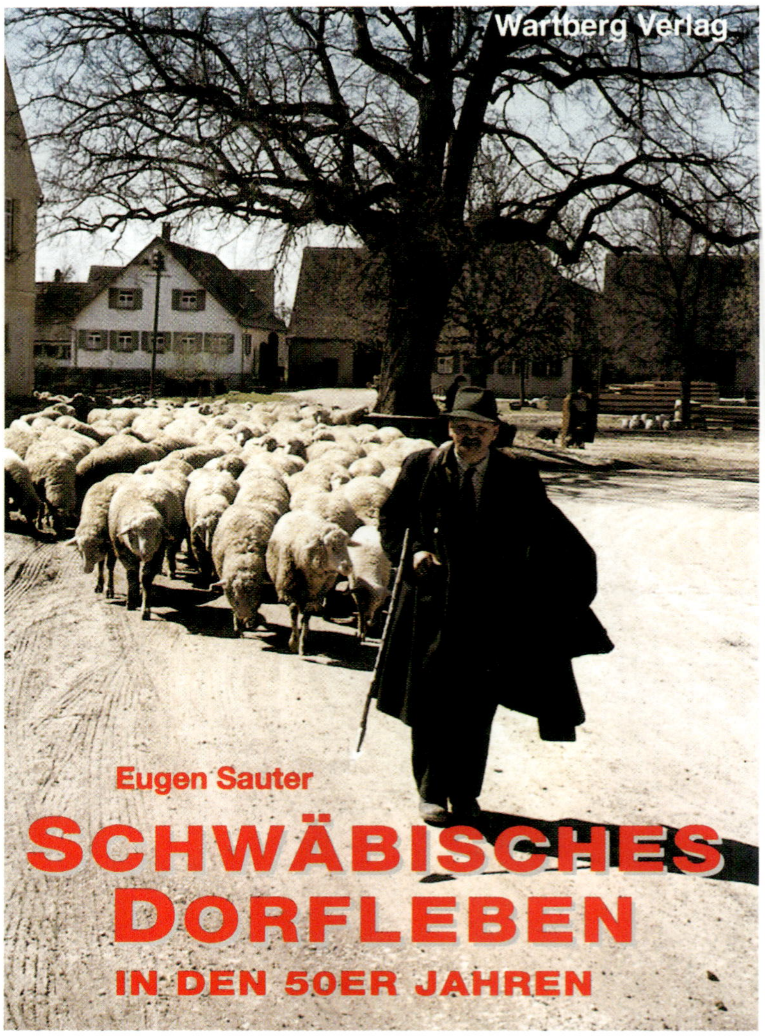

Schwäbisches Dorfleben in den 50er Jahren
64 Seiten, Großformat 24,5 x 32,5 cm,
zahlr. Farbfotos, Festeinband
ISBN 3-86134-277-4

Landleben in den 50er Jahren
64 Seiten, Großformat 24,5 x 32,5 cm,
zahlr. Farbfotos, Festeinband
ISBN 3-86134-316-9

Erhältlich überall im Buchhandel, oder direkt beim Verlag

Wartberg Verlag
Im Wiesental 1, 34281 Gudensberg-Gleichen, Tel.: (05603) 4451 oder 2030